FLENSBURGER HEFTE

Esko Jalkanen – der Heiler aus dem Norden

Vom Zauber finnischer und baltischer Kultur

W0271243

Inhalt

Zu den Steiner-Zitatangaben in den FLENSBURGER HEFTEN: Die GA-Nummern beziehen sich auf die jeweilige Bibliographie-Nummer der Rudolf Steiner Gesamtausgabe im Rudolf Steiner Verlag, Dornach/Schweiz. Danach sind in der Regel das Erscheinungsjahr der benutzten Ausgabe, das Vortragsdatum bzw. Kapitel und die Seitenzahl angegeben, von der Autor-, Titel- und Ortsnennung wird abgesehen. Nach Bibliographie-Nummern geordnet ist die Rudolf Steiner Gesamtausgabe im Katalog des Rudolf Steiner Verlags aufgeführt. Der Katalog ist durch den Buchhandel erhältlich.

Liebe Leserinnen und Leser!

Hoch im Norden, im finnischen Lievestuore, lebt Esko Jalkanen, einer der bekanntesten Volksheiler Finnlands. Wir besuchten und begleiteten ihn ein Stückweit bei seinem Wirken, in das wir mit diesem FLENSBURGER HEFT einen Einblick geben. Jalkanen erzählt im Gespräch von seinem intensiven Verhältnis zur Natur, vom Umgang mit Naturgeistern und Elementarwesen und der praktischen Anwendung seiner Fähigkeiten zur Heilung von Mensch und Natur. Diese Darstellungen werden ergänzt durch einen Bericht von einem seiner Kurse, in denen er sein Wissen am Interessierte weitergibt, durch Lebensbilder und Texte von Esko Jalkanen.

Wir zeigen, wie sein Wirken aus der finnischen Kulturentwicklung zu verstehen ist, wie sich die Heilkunst von den alten schamanistischen Traditionen bis heute entwickelte. Dabei tauchen wir ein in den Zauber der vielfältigen Überlieferung, so auch in das finnische Volksepos Kalevala und das estnische Kalevipoeg. Sie erfahren in diesem Band von Schamanen, Wissenden und Heilern, von geheimen Kräften der Natur, von Horna, Mörkö, Tomte und Haltia, von Mysterienstätten im Ostseeraum, von Einweihungswegen und dem Zusammenwirken des Menschen mit geistigen Wesen. Und dabei wird deutlich, wie anregend die alten Überlieferungen sein können, um heute Wege zum Geist der Welt und zu den heilenden Kräften zu finden.

Weiteres über die Konzeption dieses Bandes und über die inhaltliche Anknüpfung an FLENSBURGER HEFTE 55, in dem wir bereits auf die finnische Kultur eingegangen sind, entnehmen Sie bitte der Einleitung von Sirkku Lumioksas nachfolgendem Artikel.

Dieser Band ist mit Farbabbildungen von Werken der Künstler Ronnie Graham, Galway, und Bernd Hansen, Maasbüll, illustriert. Ronnie Graham verwendet für seine Skulpturen Mooreiche und -kiefer, und Bernd Hansens Figuren und Skulpturen sind – wie auch aus der Inuit-Kunst bekannt – aus Elch-, Wal-, und Delphinwirbeln sowie Federn, Schafknochen, Holz und Stein geschaffen. Kontaktadresse für beide ist: Bernd Hansen, Dorfstr. 12, D-24975 Maasbüll, Tel./Fax: 04634/ 97 76.

Es grüßt Sie Ihre FLENSBURGER HEFTE-Redaktion

Hoch im Norden

Über Schamanismus, Kalevala und die finnische Tradition

Sirkku Lumioksa*

Einleitung

In FLENSBURGER HEFTE 55, „Naturgeister. Vom Wirken der Elementarwesen“, sind ausführlich unterschiedliche Erfahrungen im Umgang mit Naturwesen geschildert. Und das Wirken dieser Wesen wird dort im einzelnen dargestellt. Insbesondere wird dabei auch die Situation Finnlands betrachtet, wo traditionell ein intensiver Kontakt zur Naturgeistigkeit sowie zu den Elementarwesen und ihre Einbeziehung in die Kultur und das alltägliche Leben besteht bzw. bestand. Denn man kann auch dort feststellen, daß die Traditionen verblassen und die Elementarwesen sich zunehmend zurückziehen. Die Lebenskräfte der Natur bedürfen der Pflege durch den Menschen, um weiter ihre heilende Kraft entfalten zu können. Und das kann eigentlich nur sachgemäß geschehen, wenn die Menschen wieder eine bewußte Beziehung zu den Geistwesen der Natur aufnehmen.

So verweist in FLENSBURGER HEFTE 55 z.B. Dr. Reijo Wilenius, Professor für Philosophie, auf Übungen, die geeignet sind, ein intensives Verhältnis zur Natur aufzubauen, das den Umgang mit Elementarwesen und den realen Lebenskräften der Natur mit einbezieht. Dr. Erkki Lähde, Professor für Waldpflege, spricht in einem Interview über das Wesen des Waldes und macht auch deutlich, wie die Naturgeister dem Menschen helfen können. Und in meinem Artikel „Die Kultur- und Naturgeister Finnlands“ habe ich anhand von Beispielen gezeigt,

---

* Sirkku Lumioksa, geb. 1955 in Helsinki. Studium der Volkskunde, Kunstgeschichte, Archäologie, Weberei. Fünf Jahre Mitarbeiterin der Seurasaari-Stiftung, verantwortlich für die Neuerwerbungen für das Freilichtmuseum des Nationalmuseums, die wissenschaftlichen Publikationen und Museumspädagogik. Seit 1981 Lehrerin an der Waldorfschule Lübeck.

Siehe auch Sirkku Lumioksas Artikel „Die Kultur- und Naturgeister Finnlands“ in FLENSBURGER HEFTE 55: „Naturgeister. Vom Wirken der Elementarwesen“, S.92 ff.

welche Wesen dieses nach dem traditionellen finnischen Verständnis im einzelnen sind und wie es möglich war, diese Tradition zu dokumentieren. Tapio Kaitaharju, der in Finnland eine bekannte Persönlichkeit ist, schildert schließlich in dem Interview „Freundschaft mit den Naturgeistern", wie er konkret mit Elementarwesen umgeht, was sie den Menschen sagen und wie sie uns helfen können.

In dem vorliegenden FLENSBURGER HEFT wird nun der Heiler Esko Jalkanen vorgestellt, der auch in einem innigen Verhältnis zur Natur lebt, über bemerkenswerte Fähigkeiten verfügt und in Finnland ähnlich bekannt ist wie sein Freund Tapio Kaitaharju. In beiden lebt nicht nur die Tradition fort, sondern für sie ist die Geistigkeit der Welt erlebbare Realität und alltägliche Erfahrung.

Für Menschen, die die Aussagen Rudolf Steiners über zukünftige hellseherische Kräfte und neue Seelenfähigkeiten kennen,[1] können einige Fragen im Zusammenhang mit Esko Jalkanen und Tapio Kaitaharju entstehen. Denn ein Vergleich mit den zahlreichen New-Age-Phänomenen liegt dem kritischen Betrachter nahe. Eine Frage, die einen bewegen kann, ist dabei sicherlich, ob es sich um atavistische Kräfte handelt, über die sie verfügen, oder ob sich in ihnen neue Fähigkeiten ankündigen, über die in Zukunft zunehmend mehr Menschen verfügen werden. Man kann diese Frage aber auch offenlassen und ihre Darstellungen vielmehr als Anregung nehmen, um selbst aufmerksamer zu werden, um über den eigenen Zugang zu diesen Kräften und Fähigkeiten nachzudenken und Schritt für Schritt ein neues Verhältnis zur Welt zu finden.

Daher lohnt es sich auch zu fragen, wie die gewöhnlichen Wissenschaften mit den entsprechenden Themen umgegangen sind und was sie zu ihrem Verständnis beigetragen haben. Schon beim ersten Blick in die Fachbibliotheken entdeckt man mehr Material, als auf Anhieb zu bewältigen ist.

Esko Jalkanen und Tapio Kaitaharju berichten u.a. über Begegnungen mit verschiedenen Geistwesenheiten. Und Esko Jalkanen schildert, wie diese in verschiedene „Reiche" zu ordnen sind. Für einen Betrachter, der die alten schamanistischen Traditionen kennt, scheint diese

1. Siehe dazu FLENSBURGER HEFTE 66: „Hellsehen. Der Blick über die Schwelle", und FLENSBURGER HEFTE 34: „Alte und neue Seelenfähigkeiten".

Esko Jalkanen
Foto: Sirkku Lumioksa

Gliederung mit der Überlieferung weitgehend übereinstimmend zu sein. Auch das Zusammenwirken des Menschen mit den geistigen Wesen ist ein uraltes Thema, das ich im folgenden gern noch im Licht der Forschung erläutern möchte.

Um dieses zu tun, muß ich einen kleinen Blick in die Geschichte des Schamanismus werfen. Dabei werde ich versuchen, einige Aspekte zu konkretisieren, sie von der Abstraktheit zu einer mehr „alltäglichen" Ebene zu führen. Klar ist, daß ich mich dabei auf die finno-ugrische Tradition beschränke. Denn diese Tradition lieferte für Esko Jalkanen und Tapio Kaitaharju viele prägende Begriffe. Und selbstverständlich werde ich mich dabei auch auf die Kalevala[2] stützen – das finnische Nationalepos, das der Arzt Elias Lönnrot zwischen 1833 und 1849 aus einer Fülle von überlieferten Liedern zu einem Werk von 50 Gesängen und 20.795 Versen zusammengefügt und niedergeschrieben hat. Besonders wichtig scheinen mir dabei folgende Fragen zu sein:

- Wer sind die Vertreter des Kalevala-Volkes?
- Sind das die alten Schamanen?
- Ist Esko Jalkanen vielleicht ein Erbe dieser Schamanen?
- Wann verschwand das alte Hellsehen?

Das sind Fragen, die direkt mit Esko Jalkanen zu tun haben. Derjenige, der die finnische Kulturgeschichte kennt, weiß, daß die Schamanen noch lange in Verborgenheit wirkten. Es gibt eine Entwicklungsgeschichte in der christlichen Zeit, die langsam aus dem alten Schamanentum die sogenannte Tietäjät-Institution hervorbrachte. Wer diese Tietäjät (= Wissende) nicht kennt, kann Esko Jalkanen und sein Wirken kulturgeschichtlich nicht einordnen.

Über den Schamanismus

In meinem Artikel in FLENSBURGER HEFTE 55 habe ich versucht zu zeigen, daß eine lückenlose Tradition in bezug auf die Natur- und Kulturgeister Finnlands zu dokumentieren ist. Diese Geistwesen sind Teil eines umfassenden Kulturgutes, das viele Generationen gepflegt, weitergegeben und weiterentwickelt haben.

Ein anderer Teil dieses Kulturgutes ist die Heilkunst, die stets mit diesen Geistwesen in einer engen Verbindung gestanden hat. Und sowohl die Geistwesen als auch das Heilen haben sehr viel mit dem Schamanismus zu tun, der darüber hinaus noch viele Aufgaben im Leben eines Naturvolkes hatte: die Regelungen des gesellschaftlichen Lebens, Hilfe bei Geburt und Tod, Schutz der Ländereien der Sippe oder des Clans, Hilfe bei Jagd und Fischerei, Bewältigung strafrechtlicher Probleme – der Schamane war oft in der Lage, den Dieb oder den Mörder zu ermitteln – usw.

2. Sowohl *die* als auch *das* Kalevala ist im Deutschen möglich. Aus Gründen der Einheitlichkeit wird in diesem FLENSBURGER HEFT durchgängig die weibliche Form genommen. (Red.)

Der Schamane war also der Ordnungshüter der Sippe, der Priester und der Arzt in einer Person. Er regelte fast das ganze Leben in seinen vielfältigsten Erscheinungen. Daher wird der Schamanismus von der Wissenschaft auch nicht als Religion, sondern als eine Ganzheit aus allen diesen kulturellen Aspekten aufgefaßt.

Heikki Pesonen, der in seiner umfangreichen Magisterarbeit[3] die Arbeiten von Forschern zusammengetragen hat, die allein in Finnland diesen Phänomenen gewidmet sind, listet in seiner Bibliographie 123 Titel zu den unterschiedlichsten Themen auf. Sie reichen von der Bedeutung der fliegenden Eichhörnchen für den sibirischen Schamanen bis zu Detailstudien über ihre einzelnen Kleidungsstücke. Es werden die verschiedensten helfenden Geister aus der umgebenden Natur sowie aus dem unterirdischen Totenreich geschildert und nicht zuletzt auch geheimnisvolle Methoden des Heilens dargestellt.

Anna Leena Siikala ist eine solche Wissenschaftlerin, die sich mit dem Phänomen des Schamanismus befaßt. Sie hat ein zusammenfassendes Buch, „Suomalainen samanismi“ („Der finnische Schamanismus“, SKS[4] 565, Helsinki 1994), geschrieben. Da sie eine der wichtigsten Autoritäten auf diesem Gebiet in der heutigen finnischen Universitätslandschaft ist, möchte ich einige ihrer Aussagen in eigener Übersetzung zitieren:

„In den nördlichen Bereichen Asiens und den arktischen Kulturen ist der Schamanismus ein so offensichtliches Phänomen, daß die Religionen dieser Länder als schamanistisch bezeichnet wurden. Schamanismus ist aber keine Religion, sondern eher eine aus verschiedenen Glaubensinhalten und Riten zusammengesetzte Ganzheit. In seiner reinen Form findet man den Schamanismus in den frühen, ursprünglichen Kulturen im nördlichen Eurasien und in Amerika. Darüber hinaus zeigen auch viele religiöse Bräuche in Afrika und Ozeanien ähnliche Formen.

Obwohl allein die im sibirischen Bereich gefundenen Formen von Schamanismus sehr verschieden sein können – die Gegenstände, die für

3. Heikki Pesonen: Taikauskon kitkemisestä alkuperän etsintään. Pohjoisten kansojen samanismin tutkimus Suomessa. Helsinki 1980.

4. SKS ist die Abkürzung für Suomalaisen Kirjallisuuden Seura, der Finnischen Literaturgesellschaft. Siehe dazu auch die Kurzdarstellung von Wolfgang Weirauch in FLENSBURGER HEFTE 55, S.109 f.

Ewenken-Schamanen
(Die Ewenken wurden früher Tungusen genannt; Volk u.a. in Mittelsibirien)

die Riten unerläßlich waren, und die Glaubensinhalte –, sind die Grundprinzipien des Schamanen in den verschiedensten Gegenden der Erde erstaunlich einheitlich. Es ist anzunehmen, daß der Schamanismus zu den ältesten Kulturinstitutionen der Welt gehört. Viele Aspekte sprechen dafür, daß schon die paläolitischen Jäger des Nordens die Kunst der Trance beherrschten." (Siikala, S.38)

Ewenen-Schamane
(früher Lamuten; Nordostsibirien)

Anna Leena Siikala führt uns zu einem wichtigen Punkt, indem sie zunächst die vielfältigsten Aufgaben auflistet, bei denen die Hilfe eines Schamanen notwendig war. Danach definiert sie dann das eigentliche schamanistische Wirken:

„Nicht die Art der Aufgabe macht den schamanistischen Ritus schamanistisch, sondern die Art und Weise, wie man versucht, zum Ziel zu gelangen." (ebd., S.39)

Ein Schamane kündigt sich an

Ein zukünftiger Schamane kündigte sich oft schon bei der Geburt oder während der Schwangerschaft an. Dieses geschah durch besondere Naturereignisse, Krankheiten oder durch die Umstände der Geburt. Auch zu frühes Zahnen und sonderbare psychische Konstitutionen konnten den Schamanen anzeigen. – Man kann sich das an der späteren europäischen Tradition verdeutlichen, die z.B. die Bedeutung des „Glückshutes" kennt. Man war der Auffassung, daß ein besonderer Mensch geboren war, falls ein Teil der Fruchtblasenreste auf dem Kopf des Neugeborenen haftete.

Um seine Einweihung zu erlangen, war es notwendig, Kontakt mit einem älteren Schamanen zu haben, der ihn unterwies. Das konnte auch ein vor langer Zeit verstorbener Ahne sein. Elias Lönnrot schildert in seiner Dissertation („Über die magische Medizin der Finnen", Helsinki 1832), wie der Vater seine Kunst an den Sohn weitergab oder auch die Mutter an die Tochter. Wenn jemand, der außerhalb der Familie stand, eine solche Lehre aufsuchte, war eine besondere und langwierige Initiation notwendig.

Die Einweihung eines Schamanen

Um kurz auf die schamanistische Einweihung einzugehen, stütze ich mich auf eine kleine Abhandlung von Toivo Lehtisalo. Lehtisalo war einer der späten Wissenschaftler, die sich Anfang des 20. Jahrhunderts anschickten, die ursprünglichen Wurzeln der finnischen Kultur zu studieren. Er reiste sehr weit und landete bei den Juraksamojeden. 1923 brachte er Studien über ihre heiligen Stätten heraus, nachdem er ein Jahr zuvor ihre Lieder publiziert hatte. 1924 entstand eine Skizze ihrer gesamten Mythologie. Und das ist lange nicht alles, was er gesammelt und niedergeschrieben hat.

Lehtisalos letzte Publikation, „Der Tod und die Wiedergeburt des künftigen Schamanen", auf die ich mich hier stütze, ist für den Leser nicht ganz einfach zugänglich, aber wegen seiner späten Augenzeugenberichte doch sehr interessant. Ein Großteil liest sich wie ein mystisches Märchen und bringt uns den Kern des schamanistischen Weltbildes vor

Augen, das drei-, sieben- oder neunteilig gegliedert sein konnte. Die Welt war entsprechend in drei, sieben oder neun verschiedene Ebenen gegliedert, und der Mensch bewohnte stets die mittlere. Diese Ebenen oder Welten wurden von einer kräftigen Säule, einem Baum – z.B. die große Eiche der Kalevala oder die Weltenesche Yggdrasil der Edda – oder von einem hohen Berg getragen.

Toivo Lehtisalo schildert nun, wie der Mensch, der eine solche Einweihung durchmacht, alle erdenklichen Schrecken erleben muß. Er schreitet durch die Tore des Todes, wird von Dämonen zerstückelt, seine Knochen werden durch Kochen freigelegt, sein Schädel auf einem Amboß zerschlagen. Seine in dieser Weise umgewandelte Substanz – sowohl das Geistige als auch das Physische – wird nun gehärtet wie das Eisen in der Schmiede.

Wir erkennen in dieser Erzählung Lehtisalos Elemente, die auch in der Kalevala geschildert werden, und zwar im 13. bis 15. Gesang, in denen Lemminkäinen den Elch des Hiisi, das Pferd des Todes und den Schwan des Todesflusses Tuonela jagen soll. Die fatale Jagd endet schließlich am Fluß des Totenlandes, an dem Lemminkäinen getötet und von den dämonischen Wesen des Todesreiches zerstückelt wird. Erst nach einiger Zeit gelingt es seiner Mutter, den Toten zu finden, die Teile seines Leichnams einzusammeln, zusammenzufügen und wieder zum Leben zu erwecken.

Solche Berichte zeigen auch vielfältige Gemeinsamkeiten mit sonstigen bekannten Einweihungsriten. Es liegt nahe, daß die Schilderungen der Kalevala oft mit der antiken Mythologie in Verbindung gebracht werden. Ähnliches klingt auch in den letzten Prüfungen der Chymischen Hochzeit von Johann Valentin Andreae an. Und die Studien Mircea Eliades haben viel zu einer vergleichenden Betrachtung von Alchemisten und Schamanen beigetragen. Aber besonders interessant wird diese Einweihung, die im Bild wie das Schmieden des Eisens geschieht, durch die Ausführungen von Lennart Meri.

Eine unbekannte Einweihungsstätte

Lennart Meri ist der heutige estnische Präsident. Er gehört zu den nationalen Kulturträgern, die ihr Amt im Zuge der letzten großen Veränderungen im Osten aufgrund ihrer wissenschaftlichen und kulturellen – nicht der politischen – Leistungen bekommen haben.

Die Filme, die er in den letzten Jahrzehnten drehte, sowie seine Bücher gehören zu den ersten Lehrstoffen, die ein Student der Finnougristik kennenlernt. In dem Film „Das Volk des Wasservogels" zeigt Meri z.B., wie mit archäologischen und sprachwissenschaftlichen Methoden die Wanderwege der finno-ugrischen Völker rekonstruiert wurden.

In seinem Buch „Hopeanvalkea" („Silberweiß", Jyväskylä 1982) versucht er, auf 400 Seiten den Beweis zu erbringen, daß die sagenhafte Insel Thule, die in antiken Mythen als im hohen Norden gelegen beschrieben wird, an der Stelle der estnischen Insel Ösel (Saaremaa) zu lokalisieren ist. Meri vergleicht in diesem Buch die Aussagen antiker Weltentdecker und Weitgereister, die genaue Beobachtungen über den Sonnenstand gegeben haben, mit den tatsächlichen astronomischen Begebenheiten. Seine Quellen sind dabei u.a. Pytheas aus Massalia, Diodoros aus Sizilien, Plinius d.Ä., Strabon und Kosmas Indikopleustes. Und er erzählt, wie diese über „die Todesstätte der Sonne" sprechen.

Fest steht, daß in der Zeit zwischen 600 und 130 v.Chr. ein Meteorit auf der Insel Ösel einschlug. Wir können dort heute einen großen Krater von der Tiefe eines neunstöckigen Hochhauses erkennen. Rundherum sind noch sieben kleinere Löcher zu finden. Wissenschaftler schätzen, daß die Masse des Meteoriten von Kaali – so heißt der Ort – 450 Tonnen betrug und daß der Knall der Explosion, die mit der Kraft zweier Hiroshima-Bomben zu vergleichen ist, im Umkreis von 700 km zu hören gewesen sein muß.

Die Archäologen fanden auf der Insel Ösel eine vollkommen verbrannte Schicht. Und es ist ausführlich dokumentiert worden, wie seinerzeit zwei wichtige prähistorische Befestigungen in Asva und Ridala, die für die Seefahrt im nördlichen Ostseegebiet wichtig waren, zur selben Zeit zerstört wurden. Infolge dieser Katastrophe regnete eine unglaubliche Menge meteorischen Eisens auf Estland nieder. Auf ein Land, das bisher in der Bronzezeit lebte, regnete nun vom Himmel ein ganz neues Metall.

In der Edda können wir in der Weissagung der Seherin folgende Sätze lesen:

Bernd Hansen: Schwebender Schamane
Foto: Bernd Hansen

„Die Sonne wird schwarz,
Land sinkt ins Meer.
Es stürzen vom Himmel
die strahlenden Sterne.
Es rast der Brandrauch
wider das Feuer.
Die lodernde Lohe
spielt hoch in den Himmel."

Und etwas später:

„Da werden sich wieder
wundersame goldene Tafeln
im Grase finden,
die sie in ältester
Zeit schon hatten."

Lennart Meri schildert, wie damals die Sonne durch die Feuer und Rauchwolken tatsächlich eine lange Zeit hinter einem schwarzen Schleier verschwinden mußte. Auch in der Kalevala ist ein ähnliches Szenario als Wirkung einer Katastrophe beschrieben: Die Sonne wird gefangen, in den Felsen gebannt und kann nicht mehr scheinen. Meri stellt nun weiter dar, wie als Antwort auf diesen gewaltigen Vorgang, daß „die Sonne vom Himmel stürzte", auf Ösel eine Einweihungsstätte entsteht, die eine der Sonnenmysterienstätten des Ostseeraums wird. An diesem Ort verehrte man „das Grab der Sonne". – Er führt auch Berichte von Apollonius von Rhodos über die mythische Insel Elektrida an, auf der große Vorkommen von Bernstein zu finden sind. Die isländischen Sagen erzählen über den norwegischen Königssohn Olav, daß er lange Jahre auf dieser Insel als Sklave gehalten wurde.

Einen besonderen Beitrag zum Verständnis der vielfältigen Gemeinsamkeiten in den Kulturen des Ostseeraums liefert die Tatsache, daß gerade in der Zeit dieser Katastrophe eine Völkerwanderungswelle von Estland nach Finnland eingesetzt hat. Sie wird in der Archäologie durch die Änderung der Grabformen in Westfinnland dokumentiert. Es ist anzunehmen, daß eine große Zahl von Menschen die zerstörte Landschaft verließ und auf der Suche nach Jagdgründen über den Finnischen Meerbusen in die auf der anderen Seite noch fast jungfräulich wartenden Urwälder zog. Dabei kann die Überquerung des Meeres sowohl in Schiffen als auch auf Schlitten während der kalten Winter geschehen sein. Gewiß fuhren diese Menschen damals mit Segelbooten aufs Meer, aber wenn der Finnische Meerbusen vereist ist, kann diese Strecke bei gutem Wetter auch mit dem Schlitten bewältigt werden. In dieser Zeit beginnt auch die Trennung der estnischen und finnischen Sprache.

Ein solches Ereignis wie dieser Meteoriteneinschlag mit allen seinen Folgen mag einen Eindruck der magischen Kräfte der Erde vermitteln. Der Meteorit von Kaali flog quer über Estland, bevor er auf der Insel Ösel einschlug. Und wenn man im Mai das Vergnügen hat, dort die langsam sprießenden Felder zu beobachten, kann man über den Anblick erstaunt sein, wie die über weite Strecken geradezu feuerrote Erde das Grün umrandet. Das Eisen scheint die ganze Erde befruchtet zu haben.

Das Eisen ist auch ein tragendes Element im Blut, das wiederum Träger des menschlichen Ich ist, und damit wird auch der Bezug dieser alten Sonnenmysterienstätte zur Schamaneneinweihung deutlich, die im Bild des Schmiedens des Eisens gipfelt. Darauf deutet auch das estnische Epos Kalevipoeg hin, das sich wie ein zweiter Teil der Kalevala liest,[5] obwohl das Volk selbst – wenn man den Sprachwissenschaftlern folgt – ein älterer Bruder der Finnen ist. Auch Kalevipoeg beschreibt einen Einweihungsweg, der sich an solche schamanistischen Bilder anlehnt. Das Blut, das Schmieden und die verschiedenen Metalle spielen dort eine große Rolle.

Elias Lönnrot stellt in bezug auf die lappländischen und estnischen Schamanen fest, daß diese stärker und mächtiger als die finnischen waren, und sagt, daß die Finnen schon immer die Zauberer, die am weitesten weg wohnten, am meisten verehrten. Es mag sogar sein, daß dieses u.a. auch mit den Auswirkungen der Einweihungsstätte auf Ösel zu tun hatte. Denn man kann sich vorstellen, daß dieses Sonnenmysterium einen bedeutenden Einfluß bis weit nach Finnland entfaltete. Interessant ist in diesem Zusammenhang auch die Verwandschaft des

---

5. Siehe dazu Sirje Purgas Beitrag über das Epos Kalevipoeg in diesem Band.

Bernd Hansen: Zauberwesen
Foto: Bernd Hansen

Bernd Hansen: Fetisch
Foto: Bernd Hansen

Wortes Aesti (= Esten) mit der alten Bezeichnung Aste bzw. Asta für eine Priesterin, wobei im Neufinnischen Aste soviel wie Grad, (Treppen-)Stufe bedeutet.

Das estnische Volk brauchte in seiner ganzen leidvollen Geschichte starke Ich-Kräfte, um sich zu behaupten. Und eine besondere Kraft zog es dabei aus seiner Sprache. Und wer als Augenzeuge in der jüngsten Vergangenheit die „Singende Revolution“ miterleben konnte, bekam einen Eindruck von der starken Kraft der Worte, so daß man auch von einer Kraft ihrer Lieder sprechen kann.

Die Bilder von Zalavruga – eine steinzeitliche Kultstätte

Kommen wir wieder auf die Gesänge 13 bis 15 der Kalevala zurück, in denen die Einweihung Lemminkäinens, sein Durchgang durch den Tod und die Wiedererweckung zum Leben durch seine Mutter besungen wird. – Anna Leena Siikala erzählt uns, wie das Wissen eines Schamanen zur Vermittlung in Bildern erscheinen muß. Und diese Bilder leben vor allem im Wort, das von Generation zu Generation in der Erinnerung getragen und weitergegeben wird. Die Bilder erfahren dabei auch manche Umwandlungen, wie die verschiedenen Varianten der Kalevala-Lieder deutlich machen. Es ist sogar möglich – durch Sprachforschung, semantische und etymologische Untersuchungen sowie Ethnologie und Archäologie –, verschiedene zeitliche Schichten festzustellen.

Man spricht von der metaphorischen Sprache der mythischen Tradition. Diese Sprachbilder sind für Wissenschaftler unerschöpfliche Quellen der Analyse, Hypothesenbildung und von Fragen. Abhandlungen, die diese Überlieferungen erklären, füllen ganze Bibliotheken. Oft entstehen Theorien und Erklärungen, die zu heftigen Diskussionen führen. Und jahrelang andauernde Wissenschaftsstreitigkeiten haben eines gezeigt: Man kommt nur weiter, wenn eine intensive, disziplinübergreifende Zusammenarbeit entsteht. Völkerkundler, Archäologen, Religionswissenschaftler, Sprachforscher und Soziologen müssen sich auch die Kenntnisse der Geographie, Geschichte, Biologie und Physik zunutze machen.

So herrschte lange Zeit die Meinung, daß die Gesänge der Kalevala im Mittelalter entstanden seien. Nach und nach konnten aber die

Sprachforscher die Ursprünge einiger Gesänge bis in die Zeit um 400 n.Chr. in Westfinnland zurückverfolgen, indem ein sprachlicher Zusammenhang mit skandinavischen Einflüssen festgestellt wurde.

1921 fanden dann russische Archäologen in Ostkarelien eine große Gruppe Felsenzeichnungen, die lange Zeit – nicht zuletzt aufgrund politischer Schwierigkeiten – für die finnischen Wissenschaftler verborgen blieben. Niilo Valonen, ein finnischer Volkskundler, hatte kurz vor seinem Tod (11.02.1983) die Gelegenheit, diese Zeichnungen zu begutachten, und war sehr erstaunt, daß sich die Bilder in klaren Reihen „lesen ließen" wie ein Buch. Deutlich zu erkennen waren auch Bilder, die wir aus den Gesängen 13, 14 und 15 der Kalevala kennen. Die russischen Archäologen hatten inzwischen durch umfangreiche Ausgrabungen diese Bilder bestimmten zeitlichen Schichten zugeordnet. Und die ältesten scheinen neolithischen Ursprungs zu sein, was bedeutet, daß hier in Zalavruga – so heißt der Ort in Ostkarelien – eine steinzeitliche Kultstätte gefunden wurde.

Die genannten Gedichte der Kalevala verbildlichen eine Variante eines Einweihungsweges. Erinnern wir uns: Der Held Lemminkäinen bekommt die Aufgabe, den unbesiegbaren Elch des Hiisi zu fangen, das Zauberpferd des Waldes zu bringen und den heiligen Schwan des Todesflusses Tuonela zu erlegen. Bei der letzten Aufgabe wird er von der Schlange getötet und im Todesreich in Stücke zerschlagen. Die eigene Mutter rettet den Sohn, indem sie mit einer selbstgebauten langen Harke die Teile seines Leichnams aus dem Wasser fischt, sie zusammenfügt und Lemminkäinen durch Zaubersprüche und Salbe wieder zum Leben erweckt. Diese Bilder erinnern an diejenigen, die Toivo Lehtisalo in seiner Schrift „Der Tod und die Wiedergeburt des künftigen Schamanen" von der Einweihung des Schamanen wiedergibt, obwohl sie doch unterschiedlichen geographischen Ursprungs sind. Die weit zurückreichende Urbildlichkeit dieser Überlieferungen, die hier deutlich wird, zeigt sich auch im Vergleich mit den antiken Dramen.

Niilo Valonen geht jedoch einen Schritt weiter, indem er auch zum sternenklaren Himmel schaut und sich fragt: Könnte es sein, daß in diesen Bildern, die vor mir liegen, auch das Sternenbild, das sich damals den Menschen darbot, wiedergegeben ist? So wurden schamanistische Riten, die in metaphorischen Bildern bis in die Zeit Lönnrots überlie-

Bernd Hansen: Juoksat Noaide! – 1 u. 2 (Vorwärts, Schamane!)
Fotos: Bernd Hansen

Bernd Hansen: Juoksat Noaide! – 3 (oben), und: Häuptling tanzender Wirbel
Fotos: Bernd Hansen

fert wurden, mit den kosmischen Begebenheiten, die bis in die neolithische Zeit zurückreichen, in Verbindung gebracht. Valonen fragte sich, ob es möglich wäre, die himmlische Entsprechung der Sternenbilder rechnerisch zu ermitteln und dadurch eventuell eine genauere Datierung der Überlieferungen zu bekommen. Diese Frage konnte zu seinen Lebzeiten nicht mehr beantwortet werden.

Für den Mitteleuropäer, der womöglich staunend vor solchen Fragen steht, kann dieses Anliegen Valonens vielleicht nachvollziehbarer werden, wenn er sich allein den Jahreslauf der Sonne im hohen Norden verdeutlicht, von dem das Leben der Menschen hier stark beeinflußt wird. Das Verschwinden der Sonne in der Winterzeit und das Erscheinen der Mitternachtssonne im Sommer sind so tiefgreifende Phänomene, daß sie seit jeher auch als Bilder von Tod und Auferstehung im Norden eine besondere Bedeutung haben.

Menschen wie Esko Jalkanen und Tapio Kaitaharju stehen mitten im finnischen Kulturgeschehen, und selbstverständlich erfahren sie auch vieles von solchen wissenschaftlichen Diskussionen, zumal diese in Finnland oft auch in den Medien stattfinden und einem breiteren Publikum zugänglich sind. Es ist auch zu bemerken, daß sie hier und da die Themen aufgreifen, um in Seminaren, Büchern und Zeitschriften Beiträge aus ihrer Sicht dazu zu leisten, die neue Perspektiven eröffnen können.

Die öffentliche Arbeit des Schamanen

Ein wichtiger Teil der öffentlichen Arbeit eines Schamanen ist laut Anna Leena Siikala eine sorgfältig vorbereitete rituelle Handlung. In einer Sitzung begegnen sich der Schamane und sein Helfer, der Hilfesuchende, die Mitglieder der Gemeinschaft und die in die Sitzung gerufenen Repräsentanten der Geistwelt. Das können sowohl verstorbene Ahnen, in Tiergestalt erscheinende helfende Geister oder auch viele andere Geistwesen sein, die in FLENSBURGER HEFTE 55 schon näher bezeichnet sind.

Es gibt Schamanen, die die Trommel als wichtigstes Mittel, als „Fahrzeug" auf dem Weg ins Jenseits brauchen. Die Ebeniks im Transbaikal nennen die Trommel das Boot; die Jakuten und Sojoten bezeichnen ihre

Trommel als Pferd. Es gibt auch etliche auf die Trommel und den Weg ins Jenseits bezogene Sprachbilder, die vom Fliegen und Tauchen sprechen.

Für viele Schamanen ist die Kleidung die kraftgebende Vermittlerin. Metallene, hölzerne und aus Knochen geschnitzte Tiergestalten, die dabei eine besondere Bedeutung haben, können in vielen europäischen Museen betrachtet werden. Auch Hüten und Gürteln kommt eine wichtige Rolle zu. Metallteile, die in Form des menschlichen oder eines Tierskeletts auf die Kleidung genäht sind, deuten auf das schon erwähnte zentrale Mysterium des Todes und der Auferstehung. – Es gibt aber auch Schamanen, die ihren Oberkörper während der Sitzung entblößen.

Die Sitzung wird mit einem ekstatischen Schauspiel verglichen, in dem der Schamane, der sich durch Meditation und Fasten auf die Situation vorbereitet hat, anfängt, singend und trommelnd die helfenden Geister zu rufen. Der Schamane muß die Geister bitten, die Verbindung mit ihnen suchen, die letztlich nur durch harte Arbeit entstehen kann. Wissenschaftler haben vielfältig beschrieben, wie der in Ekstase verfallende Schamane die gefährliche Reise in das Jenseits für die Anwesenden vorbereitet. Siikala faßt in ihrem Buch die Beobachtung vieler Augenzeugen zusammen:

„Der Schamane nutzt eine der Hypnose nahestehende Psychotechnik, die ihn in die Lage versetzt, einen vom normalen Bewußtsein abweichenden Bewußtseinszustand zu erreichen." (Siikala, S.40)

Wenn es dem Schamanen gelingt, die Geister in die Sitzung hereinzurufen, kann er den Anwesenden auch selbst als Geist erscheinen. Sie erleben dann, daß der Geist in dem Schamanenkörper wohnt. Dieses Phänomen wird auch als Besessenheit bezeichnet. Die Tiefe der Trance kann in verschiedenen Sitzungen und je nach Art der Ausführung von einer leichten Bewußtseinsänderung bis hin zu einer vollständigen Bewußtlosigkeit reichen.

Die Phänomene des Schamanismus in Finnland sind von einer ganzen Reihe von Wissenschaftlern über lange Zeit dokumentiert worden. Im Laufe der Geschichte ist diese Art der Kultur jedoch immer mehr verschwunden. Der Schamanismus begegnete, je nach Standort, den verschiedenen großen Religionen. Daraus entstanden ganz neue For-

Ronnie Graham: Flying Bog Man (oben), und: The Rocker
Foto: Bernd Hansen

Ronnie Graham: Emergence
Foto: Bernd Hansen

men. Im Dänischen Nationalmuseum in Kopenhagen kann man z.B. die Begegnung des Schamanismus mit dem Buddhismus anhand einer gut aufgebauten, reichhaltigen Ausstellung studieren. Im übrigen zeigt dort eine große ständige Präsentation die mongolischen Traditionen und die der Inuit. Die volkskundliche Sammlung in Lübeck besitzt Männerschmuckstücke aus verschiedenen Erdteilen, die einen Einblick in die verschiedenen Ausprägungen des Schamanismus geben. Gute Sammlungen gibt es auch in Göttingen, Hamburg, Basel und Berlin. Und über die wohl vollständigste Schamanismus-Sammlung verfügt das Russische Museum, Kunstkammer Peters des Großen, in Leningrad.

Diese Museen besitzen etwa 70 Schamanentrommeln. Und es ist eine traurige Tatsache, daß in Finnland keine einzige mehr zu finden ist. Das ist auf den tragischen Umstand zurückzuführen, daß evangelische Pastoren infolge der Aufklärung Trommeln verbrannt haben. Die Zeit der Aufklärung brachte eine starke reformatorische Bewegung im Sinne Martin Luthers nach Finnland. Und anschließend entstanden im Norden eigene pietistische Strömungen, die stark genug waren, das Heidnische zu verdrängen. Spätere Studien haben aber gezeigt, daß viele Natur- und Kulturgeister sowie Sitten und Bräuche, die mit einer schamanistischen Tradition zusammenhängen, dennoch in der Überlieferung überleben konnten, da sie nicht mit den christlichen Inhalten konkurrierten.

Die Zeit der Tietäjät

Das alte Hellsehen verschwindet langsam mit der schamanistischen Tradition. Diese Entwicklung begann mit den ersten Christianisierungsversuchen, die im Osten von orthodoxen Eremiten und im Westen durch Franziskaner, Dominikaner und Birkittiner unternommen wurden. In den ersten Jahrhunderten des zweiten Jahrtausends begegnete der finnische Schamanismus den neuen Glaubensinhalten.

Und wie überall, wo so etwas geschieht, entstanden daraus neue Kulturformen. Im Fernen Osten fand diese Entwicklung in der Begegnung mit dem Buddhismus statt, in den südlichen Regionen des großen Russischen Reiches in der Begegnung mit dem Islam. In die schamanistische Tradition Finnlands hielten nun ganz neue Geistwesen ihren schleichenden Einzug: Engelwesen, Christus und die christlichen Heiligen. So bittet der finnische Angler noch heute, bevor er an einem schönen Sonntag sein Ruderboot besteigt, um seiner Angelleidenschaft nachzugehen:

„Anna Antti ahvenia." – „Gib mir, Antti, Barsche." (Antti heißt Andreas.)

Das frühere Gebet hätte heißen müssen:

„Anna Ahti ahvenia." (Ahti ist der alte finnische Wassergott.)

Nur wenig später, nachdem Schamanismus und Christentum in Finnland aufeinandergetroffen waren, entstand infolge der wachsenden Kämpfe um die Reinheit der kirchlichen Lehre eine Situation, die ich schon in meinem Artikel in FLENSBURGER HEFTE 55 geschildert habe: Die früheren Gottheiten bekamen eine negative Bedeutung. So wurden z.B. aus Hausgeistern böse Teufel, und der Name des im Ostseeraum ansässigen Donnergotts Perkunas wurde in der kirchlichen Sprache für die Bezeichnung des Teufels schlechthin entfremdet (Perkele). – Besser erging es dem Ukko Ylijumala (Ylijumala = Obergott). Denn es war leicht, ihn mit dem christlichen Gott zu identifizieren.

Den Höhepunkt erreichte diese Entwicklung mit der Aufklärung. Eine lutherische Nüchternheit breitete sich nun aus. Die Pastoren notierten in ihren Gemeinden noch die Geistwesen und Ereignisse, die mit diesen zu tun hatten. Aber das erfüllte letztlich nur den Zweck, die überlieferten Traditionen detailgenau in Dissertationen und Briefen als Aberglauben zu brandmarken. Und schon bald schienen die störenden heidnischen Phänomene wie verschwunden. Das Volk hatte Angst, denn einige der weisen alten Heiler waren den Hexenverbrennungen zum Opfer gefallen. Und die Tietäjät, die Wissenden, hatten sich in den Urwald zurückgezogen.

Die effektive Bekämpfung des Aberglaubens ging mit der Reformation einher. Die Kälte und die Dunkelheit bewirkten im ganzen Norden eine seltsam asketische Variante des protestantischen Glaubens. Der gläubige Mensch tanzte und lachte nicht. Aufgrund staatlicher Luxusverordnungen waren Samt und Seide, rote Röcke, ausländische Weine sowie die neuen Luxusgüter Kaffee und Tabak verpönt. In der Kirche erschien man im feierlichen Schwarz, auch als Braut.

Ronnie Graham: Dancing Horseman
Foto: Bernd Hansen

Finnland war – wie das ganze Skandinavien – ein dankbarer Empfänger für pietistische Bewegungen, insbesondere im hohen Norden. Der Schwede Lars Leevi Laestadius, der in der bitteren Armut der nordschwedischen Bergarbeiter aufwuchs und eine Erweckungsbewegung ins Leben rief, hat noch immer sehr viele Anhänger. Eine andere sehr strenge Form lutherischen Glaubens wurde in den ärmsten Regionen Finnlands, wo die Menschen in Rauchstuben lebten, durch Paavo Ruotsalainen begründet.

In diesen Bewegungen pflegt man gemeinsame abendliche Gebetssitzungen. Die Gemeinde sitzt in großen Bauernstuben im Kreis auf den Bänken, die ringsherum an den Wänden angebracht sind und auf denen man sonst auch schläft. Ein Prediger oder ein Pastor sitzt mit im Kreis. Es wird gesungen, gebetet, in der Bibel gelesen und dabei zugleich das Lesen gelernt. Ein wichtiger Teil dieser Zusammenkünfte ist eine öffentliche Beichte, die in der modernen Zeit zu heftigen Diskussionen geführt hat.

Während solcher Sitzungen kommt es regelmäßig zu sogenannten „Erschütterungen" (Liikutuset). Meistens fällt eine junge Frau, ein unverheiratetes Mädchen oder jemand aus dem Kreis der älteren Mitglieder in Trance. Dieses Geschehen wird mit den gleichen Begriffen wie in der schamanistischen Tradition bezeichnet: Es heißt, daß jemand vom Haltia, dem Schutzgeist, ergriffen wird (Haltioitua), daß er in die Kerbe fällt (Langeta loveen), und auch vom Sterben ist die Rede (Kuolla). Diejenige, die nun in Trance verweilt, fängst meist an, „mit Zungen zu reden". Mit diesem Phänomen verbindet man die Schilderungen des Neuen Testaments, in denen das Pfingstereignis beschrieben wird, die Jünger mit dem Heiligen Geist erfüllt werden und beginnen, „in fremden Sprachen zu reden". Keiner, außer dem Pastor bzw. Prediger, kann diese fremden Sprachen verstehen. Der Mensch, der in Trance gefallen ist, ist nicht mehr ansprechbar.

Elias Lönnrot beschreibt in seiner Dissertation über die magische Medizin der alten Finnen (1832), wie einige Pastoren und Gelehrte brennende Schindeln, deren Flamme viel größer ist als die einer Kerze, unter die Handfläche einer solchen Dame gehalten haben, bis Brandwunden entstanden. Andere haben in ähnlichen Fällen das gleiche mit Nadeln ausprobiert, bis Blut floß, und die Betroffenen zeigten keinerlei

Reaktionen. Es ist klar, daß diese Phänomene einen jungen Arzt in den ersten Jahrzehnten des 19. Jahrhunderts sehr interessiert haben.

Man kann sich auch gut vorstellen, wie einige Personen, die eigentlich der früheren Zeit der schamanistischen Tradition angehörten, nun ihre psychischen Neigungen und Veranlagungen in solchen zur Christlichkeit umgewandelten gruppendynamischen Prozessen ausgelebt haben. Die Hand wurde aufgelegt, aber jetzt im Namen Jesu Christi! Und das Wort, das Jahrhunderte hindurch als ein wichtiges Wirkungsmittel in der schamanistischen Tradition benutzt wurde, war nun das Wort Gottes.

Einige Tietäjät wirkten aber in der Verborgenheit der Wälder als geschätzte Heiler weiter. In mancher Hinsicht waren sie aber auch von vielen gefürchtet, denn schließlich sprach man davon, daß sie ein Bündnis mit dem Teufel geschlossen hätten.

In diesem Zusammenhang ist es sehr aufschlußreich, daß Elias Lönnrot auf der Suche nach Liedern die besten Sänger in einem geographischen Gebiet fand – in Karelien –, in dem die orthodoxe Kirche des Ostens eine weniger strenge, aber sehr wohl fromme, andächtige und stille Variante des Glaubens pflegte, die für den Laien die irdischen Freuden nur für die Zeit der Fastentage versagte.

So überlebte eine ganze Tradition in den karelischen Urwäldern. Dort wurde noch um 1937 ein Spinnrocken statt eines Spinnrades als Mitgift für eine Braut urkundlich dokumentiert! Und erst 1939 setzte der letzte karelische Bauer seines Schlages einer jahrtausendalten Tradition der Großfamilie ein Ende. Das große Blockhaus, in dem fünf Brüder mit Weib und Kind unter einem Dach lebten – jeder in seiner Ecke und nach alten Sozialgesetzen –, wurde Block für Block auseinandergenommen. Die uralten, aus ganzen Baumstämmen gezimmerten Balken wurden christlich aufgeteilt, und jeder Bruder baute aus diesen Bestandteilen ein eigenes, kleineres Haus.

Das Ende einer Entwicklung

Damit ist das Ende einer Entwicklung in der absoluten Peripherie Europas bezeichnet. Die Großmutter wird heute nicht mehr im Kreise der Enkel von den Schwiegertöchtern bis zum Grabe gepflegt, und sie kann auch nicht mehr die alten Überlieferungen an die Kinder weitergeben. Statt dessen lebt sie vielleicht in einem staatlichen Altersheim, und ihre Enkel sitzen vor dem Computer und surfen im Internet.

1972 erscheint in Petroskoi, in der Karelischen Sozialistischen Republik, ein kleiner Gedichtband, in dem neue Verse enthalten sind, die an die Form der Kalevala-Gesänge anknüpfen. Einige alte Frauen, die Analphabeten sind, haben nun in den alten Versformen Loblieder auf Kolchosen und Traktoren gesungen. Gleichzeitig dokumentiert ein finnischer Forscher, wie ein weiter östlich lebender Schamane im Supermarkt der Kolchose ein kleines Kinderspielzeug, ein Metallpferdchen, für seinen Schamanenhut kauft. Die neue Zeit begegnet der alten.

Die Säkularisierung nimmt auch in Finnland – das heute ein Nachkriegsland wie jedes andere Land in Europa ist – ihren Lauf. In bezug auf das religiöse Leben der Finnen ist noch einmal ein erwähnenswerter Einfluß von außen wirksam geworden. Als die zweite und dritte Generation der Amerika-Finnen – insgesamt etwa 600.000 Menschen –, deren Vorfahren in den europäischen Hungerjahren 1860–1864 nach Amerika ausgewandert waren, ihre Wurzeln wiederfinden wollten, kamen viele von ihnen nach Finnland. Und mit diesen Menschen kam auch die Pfingstbewegung aus Nordamerika nach Finnland, ähnlich wie Jahrzehnte zuvor der Tango aus Südamerika. Beide Phänomene entwikkelten eine seltsame, urfinnische Gestalt. Genauso wie der Tango – ursprünglich ein Tanz mit heißem Temperament – nun „tiefgekühlt" und ganz langsam wurde, bekam die Pfingstbewegung eine zähe Fröhlichkeit. Auch in ihr wird das Handauflegen und Heilen in besonderer Weise gepflegt, und insbesondere viele Alkoholkranke haben auf diese Weise Linderung oder eine Erlösung von ihrer Sucht gefunden.

Ansonsten traten selbstverständlich auch in Finnland vor wenigen Jahrzehnten die ersten „alternativen" Gedanken auf. Im modernen Sinne esoterisch denkende Frauen entdeckten z.B. die sanfte Geburt und kehrten zurück in die Sauna, um ihr Kind in der uralten Weise – unter lauten Protesten der Mediziner – zur Welt zu bringen. Auch an Finnland geht keine der europaweit schon lange zu beobachtenden Entwicklungen vorbei: Indische Gurus landen mit dem Jet in Helsinki, Jugendliche erleben ihre Ekstasen mit LSD und Ecstasy in Popkonzerten, und die modernen Massenekstasen finden in den Eishockeystadien statt.

Im Gegensatz zu diesem Trubel, der sich den Menschen förmlich aufdrängt und sie vereinnahmt, bedarf es schon einer größeren Aufmerksamkeit, um die verhältnismäßig stillen Botschaften der eigentlich Wissenden in Seminaren, Büchern und Interviews zu vernehmen. Aber so unscheinbar sie auch wirken: Es gibt sie. Und durch die ganze Zeit der finnischen Entwicklung, die ich hier auf wenigen Seiten geschildert habe, wirken die Heiler in Finnland. Sie mischen Kräuter, verabreichen selbsthergestellte Medikamente, massieren und heilen durch alte Zauberei in der Sauna, benutzen die von den Vätern vererbten Worte zum Blutstillen etc. Diese Heiler sind oft ganz einfache Menschen: Ingenieure, Redakteurinnen, Hausfrauen, Bahnbeamte, Waldarbeiter.

Die Zeit Lönnrots

Als Elias Lönnrot 1802 geboren wurde, gab es in Finnland auf 40.000 Einwohner einen Arzt. Bis zum Ende des 19. Jahrhunderts konnte man dieses Verhältnis erheblich verbessern, und es gab immerhin schon einen Arzt für 7.100 Einwohner. Das ganze Land hatte ca. 1,5 Mio. Einwohner. Aber 1864 starb ein großer Teil der Menschen nach drei Mißernten am Hunger. Die Legende besagt, daß der Schnee im ganzen Land noch zu Johanni die Erde bedeckte. Versuchen wir nun, uns ein Bild von den damaligen Lebensumständen zu machen.

Sechs Monate im Jahr liegt das ganze Land unter einer geschlossenen Schneedecke. Die Temperaturen sind dann ständig unter 0° C. Im Januar und Februar zeigt das Thermometer oft –30° bis –40° C Kälte. Diese Zeit ist aber nicht die schlimmste, wenn es darum geht, einen Arzt zu einem Kranken zu bringen oder einen Kranken zu transportieren. Denn der Schlitten gleitet gut! Die Seen haben tragende Eisschichten.

Erst die Zeit der Schneeschmelze verwandelt jede Landschaft in einen unbefahrbaren Schlamm, und das Eis auf den Seen ist dann gefährlich wie der Tod selbst! Sogar bei einer Dicke von einem halben Meter ist das Eis nun durch die aufsteigende Frühlingswärme brüchig geworden. Dieses Phänomen hat in der finnischen Sprache einen eigenen Namen: Kelirikko (= das zerbrochene Fahrwetter). Und in der Herbstzeit kann es Wochen Dauern, bis die dünne Eisschicht, die es nicht mehr erlaubt, mit einem Boot zu reisen, eine Dicke erreicht hat, die einen Schlitten trägt.

Und nun stellen Sie sich vor, daß aus einem Dorf mit 30 Einwohnern ein Todkranker 100 oder gar 200 km weit transportiert werden mußte! Solche Wunder sind geschehen, sie sind sogar dokumentiert. Es lag aber sehr viel näher, daß man doch lieber den alten weisen Tietäjä, der vielleicht im nächsten Dorf in einer Entfernung von 20 km lebte, zu Rate holte. – So können wir feststellen, daß bis zum Ende des 19. Jahrhunderts die allgemeine ärztliche Versorgung in ländlichen Gebieten in den Händen der Volksheiler lag. Ein Volksheiler war also keine Alternative, sondern eine bittere Notwendigkeit.

In dieser Zeit vollbrachte Elias Lönnrot sein großartiges Werk, die Gesänge der Kalevala zu sammeln und sie zum finnischen Epos zusammenzustellen. Die Kalevala stellt aber nur die Spitze seiner Arbeit dar. Lönnrot war ein Arzt, der genauso wie sein Kollege Kreutzwald aus Estland wirkte. Beide wanderten sie zu Fuß durchs Land, den Rucksack nur mit dem Allernotwendigsten versehen. Mit Medikamenten und den einfachsten medizinischen Instrumenten sowie Papier und Bleistift gingen sie ihren Aufgaben als Arzt nach und hörten den Trägerinnen und Trägern der alten Gesangskultur zu. Sehr oft mußten sie zusehen, wie ein Heilkundiger im Dorf die medizinische Versorgung übernahm, denn die alten Volksheiler besaßen in ihrer Umgebung mehr Ansehen und Vertrauen als ein mit nüchternen Universitätsmethoden hantierender Fremder.

So dokumentierten Lönnrot und Kreutzwald auch Methoden und Verfahrensweisen der alten Medizin, Rezepte, Heilkräuter, Zauber- und Bannungsworte, die oft mit geistigen Wesenheiten zu tun hatten. Oftmals begegneten sie mythischen Inhalten, deren Sinn von den Ausführenden nicht mehr verstanden wurde. Manchmal hatten die Worte aber noch ihre Kraft. Solche kräftigenden Worte wurden dann in die Verse der epischen Gesänge hineingenommen. Manchmal liest man sie wie ein Gedicht und überfliegt den tieferen Sinn. Solche Worte finden sich z.B. im ersten Gesang der Kalevala in den Erlösungsworten beim Gebärvorgang. Im zweiten Gesang sind es die Worte, die beim Säen und bei allem Ackerbau wichtig sind. Desweiteren sind Worte zu finden, die einen Sturm bändigen, und Worte, die man braucht, um einen Nebel aufsteigen zu lassen. Auf die Worte für das Blutstillen werde ich noch genauer in einem gesonderten Beitrag in diesem FLENSBURGER HEFT eingehen.

Mit Lönnrot begann so eine breit angelegte Arbeit, um die Volkskultur im ganzen zu dokumentieren. – Wenn die ganze auf dem Schamanismus basierende Heilkunst bis dahin verschwunden gewesen wäre, wäre es nicht möglich gewesen, 150.000 Volksheilmethoden zu dokumentieren. Diese Daten flossen auch in eine globale Erhebung ein, als die Weltgesundheitsorganisation (WHO) im Jahre 1976 ein weltweites Sammelprojekt zu dieser Thematik begann. Bis heute sind die Daten von über 30.000 Heilkräutern weltweit erfaßt worden. Und in diesem Zusammenhang ist es vielleicht interessant zu hören, daß nach Schätzung der WHO im Jahre 1984 noch 80 % der Erdbevölkerung ohne eine regelmäßige ärztliche Versorgung lebten – aus Armutsgründen! Seither sind zwar wieder einige Jahre ins Land gegangen, aber die Situation wird sich wohl kaum wesentlich gebessert haben.

Wer ist ein Volksheiler?

Olavi Räsänen, der sich intensiv mit den alten Volksheilmethoden beschäftigt hat, unterscheidet zwischen vier Heilertypen,[6] auf die ich im folgenden eingehen werde.

1. Die Ekstatiker

Die erste Gruppe sind die *Ekstatiker.* Sie sind besonders beseelte Wissende (Tietäjät), die eine innige Beziehung zum Jenseits, zum Todes- oder Geistesreich haben. Die Gabe der Trance, die in verschiedenen Formen auftreten kann, ist eine Voraussetzung für ihre Heilungsakte. Sie sind die echten Schamanen, die stets – durch die ganze dokumentierte Geschichte hindurch – sehr selten waren. Oft mußte man lange Strecken wandern, um einen solchen Wissenden zu konsultieren. Die lappländischen Schamanen waren die berühmtesten und mächtig-

6. In einem Vortrag, den er am 04.10.1982 in der Kritischen Hochschule in Helsinki gehalten hat.

sten unter ihnen. Viele südfinnische Tietäjät konnten nachweisen, daß ein Ahne einen lappländischen Schamanen aufgesucht und seine Einweihung von ihm bekommen hatte.

Neben Schamanentrommeln ist auch die Anwendung von Fliegenpilzen als Trancemittel sehr bekannt. Wegen der Brisanz der Anwendung dieser Droge ist das Thema intensiv studiert worden. Fliegenpilze waren schon sehr lange ein beliebtes Rauschmittel in bestimmten sibirischen Regionen, in denen eine ganze Handelskultur mit dieser Ware entstand. – Um die Leserinnen und Leser vor eigenen Versuchen zu warnen, lasse ich gerne einen alten Schamanen zu Worte kommen: „Zwei solcher Pilze töten einen Mann." – Die toxische Wirkung ist medizinisch belegt!

Die Trance

Schon die ältesten finnischen Überlieferungen benutzen die Worte Langeta loveen (Verbform) oder Loveen lankeaminen (substantivisch). Wortwörtlich übersetzt heißt das: in die Kerbe bzw. in das Loch fallen. Elias Lönnrot erklärt, daß dieses mit der weiblichen Gottheit Lovetar bzw. Louhi zu tun hat. Sie ist die berühmte Königin des Nordlandes, die wir in der Kalevala kennenlernen. Sie ist diejenige, die Lemminkäinen auf seine Todesreise schickt! Nordland heißt im heutigen Finnischen Pohjola, aber das Wort Pohja bedeutet Boden, etwas, das ganz unten liegt.

Die daraus resultierenden Fragen haben viele Folkloristen jahrelang beschäftigt. Und die Diskussion ist noch lange nicht zu Ende: Die Spekulationen reichen von der Idee, daß Pohjola eigentlich das geographisch weit unten liegende Byzanz war – die Beschreibung der dortigen Reichtümer weist z.B. darauf hin –, bis hin zu der Annahme, daß Louhi die Herrscherin des Landes war, in das der Schamane reiste. Auch die Insel Ösel kommt in Frage!

Der Schamane konnte während seiner Reise in einer Tiergestalt wandern. Falls das Tier von einem Jäger getroffen wurde, während der Schamane in ihm war, behielt er sein Leben lang die dadurch davongetragenen körperlichen Leiden. Der Schamane konnte auch sein eigenes Totemtier oder den Helfenden Geist treffen. Besonders in Lappland ist es bekannt, daß die Schamanen viele verschiedenen helfende Geistwesen kannten.

Jane Tuovinen hat in einem Buch über die finnischen Volksheiler mehrere Berichte über einzelne Heiler zusammengetragen, aus denen ich im folgenden einige Auszüge zitiere, weil sie einen lebendigen Eindruck vermitteln. (Die Namensähnlichkeit der zwei ersten Volksheiler mit der Autorin ist nur zufällig.)

Pekka Tuovinen aus Valtimo, 1892–1961

„Er war in seinem eigenen Wohnort so gefürchtet, daß man im Dorf kaum seinen Namen nennen konnte. Er besaß ein großes Bauernhaus und hatte seine Gabe durch seine Familie erhalten. Er hatte eine große, ein wenig furchterregende, grobschlächtige Gestalt, und seine Trancezustände, die er durch Konzentration hervorrief, liefen wie kräftige Eruptionen über seinen ganzen Körper. Die Bannungsworte, die dann wie automatisch aus seinem Mund hervorquollen, kamen als kräftige Schreie empor.

Der Großvater von Pekka Tuovinen hatte nachweislich seine Kunst von einem lappländischen Schamanen gelernt und diese Gabe weitergegeben. Es wird erzählt, daß sowohl der Großvater als auch die beiden folgenden Generationen Kranke heilen, Blut stillen und Schlangen beschwören konnten.[7] Böse Zungen erzählen, daß der Großvater ein Bündnis mit dem Teufel geschlossen hätte." (Tuovinen, S.17 f.)

Antti Tuovinen, der Vater von Pekka

„Er war ein stiller Heiler. Wenn ein Hilfesuchender zu ihm kam, saß er nur wie abwesend auf seinem Bett und stampfte leise mit seinen Füßen auf den Fußboden. Ohne ein Wort zu sagen, verließ er die Stube, ging in seine Schmiede und kam bald mit der richtigen Medizin für den Kranken zurück." (ebd., S.20)

---

7. In Finnland – wie in vielen anderen Ländern auch – gab es in früheren Zeiten die Sitte, Schlangen im Haus zu halten. Diese Sitte wird auf die Tatsache zurückgeführt, daß Schlangen ein Haus von Mäusen freihalten können.

Juho Luomajoki, 1843–1914, Hätämaan Tietäjä genannt[8]

„Er brauchte nur einen Moment in einer unauffälligen, leisen ‚somnambulen' Trance, um die Erklärung und die Heilungsmethode für eine Krankheit zu finden. Man erzählt, daß sogar ausländische Hilfesuchende zu ihm kamen. Er half auch bei Liebeskummer und bei der Suche nach Dieben. Er konnte stets voraussagen, welche Menschen zu ihm kommen würden und was diese ihn fragen wollten.

Um Kranke zu heilen, verwendete er alle erdenklichen Methoden: die Sauna, die Massage, das Erschrecken und auch Zauber. Man erzählt, daß er sehr schwierige Fälle heilen konnte – einmal sogar einen Jungen, dessen Beine ihn nicht mehr tragen konnten. Er soll diesen Jungen einen Sommer lang mit Wickeln aus gelben Ameisen und Heidekraut behandelt haben. Der Patient kam im April auf einer Bahre und ging selbst aus eigener Kraft im August." (ebd., S.17)

Siiri Heikkinen, Nurmes um 1930

Irma Weisen erzählt in ihrem Buch „Henkiparannus" von einer Dame in Nordfinnland: Siiri Heikkinen, die um 1930 in Nurmes wirkte.

„Sie bekam im Schlaf, eine Nacht vorher, eine Auskunft über die Personen, die am nächsten Tag zu ihr kamen, über ihre Krankheiten und über die entsprechenden Heilmethoden. Siiri Heikkinen hatte Dutzende von Patienten behandelt, aber plötzlich verschwanden die nächtlichen Erscheinungen. Man erzählt, daß sie über die zu große Menge von Patienten geklagt und daß der Traumführer ihr daraufhin mitgeteilt habe, daß er diese Gabe an jemand anderen weitergeben werde." (Weisen, S.18)

2. Die Verbalisten

Die zweite Gruppe der Heiler sind die *Verbalisten.* Sie heilen mit dem Wort. Sie benutzen die Künste, die Elias Lönnrot in den karelischen Urwäldern fand. Im Zusammenhang mit der Heilung durch das Wort wird häufig der Einwand erhoben, daß sie auf einer Suggestion beruhen

8. Der Name Hätämaan Tietäjä heißt: der Wissende im Lande Not.

müsse. Aber es ist dokumentiert worden, daß insbesondere die in diese Gruppe gehörenden Blutstiller ihre Aufgabe auch erfüllen, wenn der Patient selbst nichts davon weiß. Es gibt auch Berichte, nach denen auf dem Operationstisch liegende Patienten durch die Bitten der Verwandten Hilfe erhalten haben.

Die Blutstiller verweisen aber auch auf die Grenzen ihrer Möglichkeiten – das galt auch für den alten Schamanen –, wenn sie nicht mehr helfen können, besonders dann nicht, wenn es an der Zeit ist, daß der Patient sterben soll. Niemals dürfen sie mit ihrer Gabe spielen. Wenn sie das tun, verschwindet die Kraft. Auch ist es streng verboten, diese Kraft auf natürliche Blutungen anzuwenden. Einer Patientin könnte dadurch während der Menstruation lebensgefährlich geschadet werden.

Die heilenden Worte dürfen nicht mit ins Grab genommen werden, d.h. jeder, der über diese Worte verfügt, muß sie an eine Person weitergeben, die den Wunsch hat, selbstlos zu heilen. Die Worte selbst werden auch niemals in einem Interview preisgegeben, denn sie könnten dadurch ihre Kraft verlieren. Es ist auch nicht zulässig, sich diese Dienste bezahlen zu lassen. Was als Geschenk angenommen wurde, muß stets als Geschenk weitergegeben werden.

Im Gegensatz zu den seltenen Schamanen ist die Gabe des Blutstillens weit verbreitet. Es gibt auch Menschen, die diese Gabe zufällig in sich entdecken. Diese verfügen meist über keine heilenden Worte, sondern sie arbeiten nur mit Konzentration. Die anderen bekommen die Worte von einem älteren Heiler, der diese weitergeben soll.

3. Die Herbalisten

Als dritte Gruppe sind die für die modernen Wissenschaftler eher greifbaren *Herbalisten* zu nennen, also die mit Kräutern heilenden Menschen. Die gesamte Weltgeschichte kennt viele Beispiele, die Entwicklung dieser Kunst braucht hier nicht erklärt zu werden. Im Zusammenhang mit Esko Jalkanen soll hier nur auf diejenigen hingewiesen werden, die mit Birkenasche arbeiten.

Die Bäume, die dafür in Frage kommen, brauchen einen besonderen Standort, denn der Boden ist ausschlaggebend für die mineralische Zusammensetzung der Asche, die meist in einem gut gesäuberten Saunaofen hergestellt wird. Die Sauna galt schon immer als heiliger Ort, an dem sowohl der Schamane als auch der Masseur, der in die vierte Gruppe gehört, arbeiteten. Auch konnte man dort Kräuter trocknen oder räuchern.

In einem aufwendigen Verfahren wird die saubere Asche zu einem trinkbaren Sud aufbereitet. Jeder Heiler hat sein Rezept und verschiedene Behandlungsmethoden für verschiedene Patienten. Die Asche hilft besonders bei rheumatischen und Krebserkrankungen.

Die Heilkraft der Asche wurde auch wissenschaftlich untersucht, denn die chemischen Substanzen, 44 wichtige Spurenelemente und Mineralstoffe, deuten tatsächlich auf kräftige Wirkungen hin. Diese Untersuchungen wurden mit Ratten durchgeführt, es liegen aber noch keine eindeutigen Ergebnisse vor.

Diejenigen, die diese Asche herstellen, kann man in Finnland durch die Heilerliste ausfindig machen. Die potentiellen Patienten sind aber so zahlreich, daß es Bedenken gibt, diese Namen und Adressen zu veröffentlichen. Man befürchtet, daß es aufgrund unvorhersehbarer Ereignisse wieder zu einem nicht zu bewältigenden Ansturm von hoffnungslos Krebskranken kommen könnte, wie es bereits in den 70er Jahren einmal geschehen ist.

4. Die Techniker

Die vierte Gruppe sind die *Techniker.* Hierzu gehören diejenigen, die schröpfen und massieren, die selbstgelernten Chiropraktiker, die es unter der Landbevölkerung auch viel gab und noch heute gibt. Die Techniker sind am weitesten von den alten Schamanen entfernt. Sie sind wirkliche Handwerker.

Durch die ganze dokumentierte Geschichte kann festgestellt werden, daß diese vier genannten Gruppen nicht immer rein zu finden waren. So war es z.B. möglich, daß der Schamane auch massieren und der einfache Masseur auch mit Worten heilen konnte.

Der Heiler war stets um so angesehener, je besser seine gesellschaftliche Stellung war. Der Großbauer war ein berühmterer Schamane als derjenige, der als Knecht diente. Es gab auch Menschen, die nur von der Heilkunst lebten. Sie wanderten von Haus zu Haus, von Dorf zu Dorf, nahmen keinen Lohn, sondern es reichte, wenn sie Kost und Obdach bekamen. Die Landessitte war aber doch, ihnen darüber hinaus z.B. ein wenig Stoff, Proviant oder ähnliches zu geben.

Der Heiler besaß und besitzt eine hohe Moral. Er darf nicht mit einem herumlaufenden Betrüger verwechselt werden, die es immer gegeben hat. Diese täuschen aus Habgier Heilkunst vor, besitzen aber das Grundlegende, die Liebe zum Patienten, nicht. In dieser Hinsicht müssen wir stets wachsam bleiben, nicht zuletzt, um den echten Heilenden und seinen Ruf zu schützen.

Literatur:

Autio, Eero: Karjalan kalliopiirrokset. Helsinki 1981.

Die Edda. In der Übertragung von Arthur Häny. Zürich 1987.

Eliade, Mircea: Schmiede und Alchemisten. Stuttgart 1980.

Jalkanen, Esko: Luonnon salaiset voimat ja niiden käyttö. Bd. 1 u. 2, Jyväskylä 1994, 1996.

Kaitaharju, Tapio: Edessämme ratkaisujen ajat. Jyväskylä 1986.

Kaitaharju, Tapio: Maaäidin kirja. Jyväskylä 1980.

Kaitaharju, Tapio: Ystävien kesken. Jyväskylä 1982.

Kreuzwald, Friedrich Reinhold: Kalevipoeg. Übertragung von F. Löwe. Tallin 1996.

Lehtisalo, Toivo: Der Tod und die Wiedergeburt des künftigen Schamanen. (Suomalaisugrilaisen seuran aikakauskirja XLVIII). SKS, Helsinki.

Lönnrot, Elias: Kalevala. Helsinki 1849. Übertragung von Lore und Hans Fromm. Stuttgart 1985.

Lönnrot, Elias: Om Finnarnes magiska medicin. Helsinki 1832.

Meri, Lennart: Hopeanvalkea. Jyväskylä 1982.

Pesonen, Heikki: Taikauskon kitkemisestä alkuperän etsintään. (Manuskript) Helsinki 1993.

Pumpurs, Andrej: Lacplesis. Riga 1972. Estnische Übersetzung, Tallin 1973.

Räsänen, Olavi: Vortrag vom 04.10.1982 in der Kritischen Hochschule, Helsinki.

Siikala, Anna Leena: Suomalainen samanismi. SKS 565, Helsinki 1994.

Tuovinen, Jane: Tietäjistä kuppareihin. Helsinki 1984.

Turi, Johan: Erzählung vom Leben der Lappen. Frankfurt a.M. 1993.

Valonen, Niilo: Ancient Folk Poetry in Eastern Karelian Petroglyphs. Ethnologia Fennica, 1982–1983.

Weisen, Irma: Henkiparannus. Helsinki 1975.

Einige Bilder aus dem Leben Esko Jalkanens

Sirkku Lumioksa

Esko Jalkanen, geboren 1921 in Lievestuore in Mittelfinnland, hatte gerade sein Abitur bestanden, als alle elf Jungen seiner Klasse an die Front geschickt wurden. Sie kämpften in dem finnischen Winterkrieg. Nur vier kamen zurück. Jalkanen schildert einige Ereignisse, die ihn damals in bezug auf das Übersinnliche und die geistige Welt nachdenklich machten. Wie konnte es angehen, daß die Kugeln die Kameraden neben ihm tödlich trafen, aber nicht ihn? Warum wurde er verschont, wozu wurde er ausgespart? Warum durfte er einer der vier Überlebenden sein?

Einmal hatte er als Unteroffizier um Verstärkung gebeten. Seine Truppe hatte drei Tage und Nächte im schweren Kampf ausharren müssen. Alle waren vollkommen entkräftet. Schließlich wurden sie von der vordersten Front hinter die Kampflinien abkommandiert, und ein Zelt zum Ausruhen – soweit es in der Situation überhaupt möglich war – wurde bereitgestellt. Alle Männer schliefen sofort ein. Nach ungefähr einer Stunde wachte Esko Jalkanen mit einem seltsamen Gefühl auf. Und obwohl niemand außer ihnen im Zelt anwesend war, hörte er, wie jemand zu ihm sagte: „Ihr müßt sofort weg!" Jalkanen handelte. Er riß seine todmüden Männer aus dem Schlaf und führte sie fort. Nach etwa 1 km Marsch bemerkten sie, wie ein Artilleriefeuer die Stelle, an der das Zelt stand, traf. Kein Mensch hätte da überleben können.

Nach dem Krieg begann er gleich mit dem Studium der Forstwissenschaften. Aber eine leichte Verwundung beeinträchtigte seine Gesundheit, und die schlechte Versorgungslage im Land führte dazu, daß er bald – wie viele andere auch – für eine lange Zeit in ein TBC-Sanatorium kam. Er las auch dort viel und schnell. Nach seinem Diplom bekam er sofort eine Stelle als Materialbegutachter in der großen Zellulosefabrik in seinem Geburtsort Lievestuore in Mittelfinnland. Während dieser Tätigkeit lernte er die finnischen Wälder und auch die ökologischen

Folgen der extensiven Waldwirtschaft kennen. Schließlich stieg er aus dieser Tätigkeit aus und gründete einen eigenen Gartenbaubetrieb auf dem alten landwirtschaftlichen Grundstück seines Vaters.

Sensibilität für die Natur

Im weiteren konnte er nun aus nächster Nähe verfolgen, wie sich eine der größten Umweltkatastrophen Finnlands ereignete. Aufgrund der ständigen Abwassereinleitungen der Zellulosefabrik kippte im Jahre 1967 der 15 km lange See von Lievestuore um, wodurch die erste ernsthafte Umweltdiskussion im ganzen Lande ausgelöst wurde. Die Folge war die Schließung der Fabrik und die Umrüstung der Abwasseranlagen in vielen anderen Industriebetrieben.

Esko Jalkanen, dessen vom Vater ererbtes Grundstück an dieses Seeufer grenzt, konnte nun während der nächsten Jahre verfolgen, wie der See sich langsam erholte. Heute spürt man nichts mehr von den katastrophalen Ereignissen jener Zeit, als der See als Abwasserbecken benutzt wurde. Als ich Jalkanens besuchte, lag auf dem Wasser die herbstliche Stille einer finnischen Urwaldgegend, die Luft duftete nach regennassem Moos und Preiselbeeren. Man kann in dem See wieder baden und angeln. Wilde Braunbären beunruhigen die Menschen auf den Nachbarhöfen. Und die 200 Jahre alte Rauchsauna ist nach vielen Jahren Ruhe wieder in Betrieb.

Esko Jalkanen erzählt, wie das Leben und die Arbeit mit den Pflanzen seine Sensibilität für das Geistige in der Natur entwickelt hat. Auch die Freundschaft mit Tapio Kaitaharju spielte eine große Rolle. – Und an dieser Stelle muß man auch seine Frau Pirkko erwähnen. Sie ist gelernte Chemikerin, die ebenfalls direkt nach dem Abitur im Krieg diente, und zwar als Krankenschwester der Lotta-Swärd-Organisation. So haben beide eine ähnliche Basis: seltsame dramatische Kriegserlebnisse, eine akademische Ausbildung und das große Interesse für die Natur. Pirkko arbeitete lange Jahre als Chemielehrerin am Gymnasium des Ortes. Sie haben zusammen fünf Söhne. Drei von ihnen haben es zum Doktortitel und zu Professuren gebracht: zwei arbeiten auf medizinischem Gebiet, einer als Waldpathologe im universitätseigenen Waldforschungszentrum von Rovaniemi. Der zweitälteste Sohn führt als

Esko Jalkanen an der 200 Jahre alten Rauchsauna
Foto: Sirkku Lumioksa

Gärtner den väterlichen Betrieb mit 20 Mitarbeitern weiter. Und einer der Söhne ist Lehrer geworden.

In diesem Umfeld werden Naturphänomene gründlich studiert und diskutiert. Die moderne Wissenschaft begegnet alter Weisheit und dem selbstverständlichen Umgang mit den Geistwesen der Natur, die überall auf dem Grundstück anwesend sind. Es herrscht eine Stimmung von Wachheit und Toleranz. Esko und Pirkko Jalkanen bewegen sich mit ihren geistigen Erlebnissen auf einem schmalen Grat, und sie sind sich der Schwierigkeiten deutlich bewußt, die mit dem Verständnis und der Akzeptanz aller geistigen Tatsachen, Wesen und Prozessen in unserer materialistischen Welt zusammenhängen.

Vielfältige Erfahrungswelten

Es erscheint geradezu natürlich, daß Esko Jalkanen die theosophische und anthroposophische Literatur in einer Phase seines Lebens durcharbeiten mußte. Gerade 50 Jahre alt geworden, zwang ihn ein

Esko und Pirkko Jalkanen in ihrem Haus in Lievestuore
Foto: Jussi Tuuri

Rückenleiden für ein Jahr ins Bett. Und in dieser Zeit las er alles, was in Finnland zu dieser Thematik zu bekommen war. Theosophische und anthroposophische Begriffe sind daher auch oft in seinen Büchern zu finden. Diese reichen Esko Jalkanen jedoch nicht aus, um seine Erfahrungswelten zu schildern. Für viele Phänomene benutzt er alte finnische Begriffe, die als Worte dem modernen Menschen kaum geläufig, für eine etymologische Betrachtung jedoch sehr interessant sind.

Insbesondere die sensible Naturbeschreibung, die Esko Jalkanen in seinen Büchern immer wieder gibt, kann eine Brücke zwischen den unterschiedlichen Begriffs- und Erfahrungswelten schlagen. Dennoch bleibt manches verwirrend, denn Esko Jalkanen ist außerordentlich offen, sowohl in seiner Wahrnehmung als auch in der Art, Begriffe aus verschiedenen Zusammenhängen zu kombinieren. Die alten finno-ugrischen Welten begegnen theosophischer und anthroposophischer Begrifflichkeit, und die schwierigen Begriffe der Bioenergie werden mit Hilfe chemischer Formeln, die aus der Fachkenntnis seiner Frau stammen, erklärt.

Einem Besucher fällt im Hause Jalkanen sehr bald eines auf: das klingelnde Telefon. Menschen suchen Hilfe und rufen an. Und jeden Morgen, von 9–11 Uhr, steht Esko Jalkanen in seiner kostenlosen Telefonsprechstunde leidenden Menschen zur Verfügung. Wenn er dann in seinem Lehnstuhl sitzt und mit einem Menschen spricht, hält er inne und konzentriert sich. Kaum bemerkbar für den Betrachter geht er nun in seinem Kopf die wichtigen heilenden Worte durch. Er bekennt, daß diese Tätigkeit sehr anstrengend ist und er hinterher sehr müde wird. Er hat mehr zu tun, als ein Mensch leisten kann. Die Not der Welt ist groß und scheint die ganze Zeit auf seiner Türschwelle zu stehen.

Aus dieser Not ist sein starker Impuls der öffentlichen Arbeit entstanden. Und er ist glücklich über jeden Menschen, der an dieser Arbeit teilnehmen kann.

Die öffentliche Arbeit

Esko Jalkanen ist einer der modernen Heiler und Tietäjät (= Wissende) Finnlands. Und er selbst bezeichnet sich als Nachkomme des alten Kalevala-Volkes. Die Verbindung, die er mit geistigen Wesenheiten hat, findet auf einer „Gesprächsebene" statt. In diesem Zusammenhang ist es also nicht ganz richtig, von Hellsichtigkeit zu sprechen.

Esko Jalkanen arbeitet jetzt seit mehr als zehn Jahren öffentlich. Das bedeutet, daß er im Gegensatz zu den alten Schamanen und Heilern seine Gabe nicht an einen einzelnen ausgesuchten Schüler weitergegeben hat, sondern moderne Methoden benutzt, um sein Wissen möglichst effektiv und an viele Menschen weiterzugeben. Dabei bekennt er, auch selbst ein Lernender auf dem geistigen Weg zu sein. Er korrigiert gerne seine früheren Aussagen, ergänzt und erweitert sie.

Inzwischen sind acht Bücher von Esko Jalkanen erschienen, das neunte wartet auf dem Schreibtisch auf die weitere Bearbeitung. Außerdem gibt er Kurse und Seminare, die für alle Interessierten zugänglich sind. Während dieser Kurse vermittelt er die Methoden des Heilens, die ihm bekannt sind. Und jeder Teilnehmer kann versuchen, ob er einen Zugang zu diesen Methoden findet und sie anwenden kann. Die Teilnehmer lernen auch, die Wünschelrute zu benutzen, nachdem jeder seine eigene hergestellt hat. Auch das Pendeln sowie das intensive Fühlen mit der Hand werden angesprochen.

Das Heilen geschieht stets mit der Kraft der Worte, die genau einzuprägen sind. Hier zeigt sich die Anbindung Jalkanens an die alte Tradition des Heilens, die Elias Lönnrot im Jahre 1832 in seiner Dissertation über die schamanistische Heilkunst Finnlands dokumentierte, und an die überlieferten heilenden Worte, die zum Teil in der Kalevala – auch in deutscher Sprache – nachzulesen sind.[1]

Während dieser Kurse spricht Esko Jalkanen auch viel über die Kräfte der Natur und über die biologische und biologisch-dynamische Landbauweise, die diese Kräfte erhalten, pflegen und stärken können. Als gelernter Forstwirt und Gärtner nimmt er seine Beispiele gerne aus der Natur.

In dieser Weise arbeitet Esko Jalkanen übrigens auch außerhalb der finnischen Landesgrenzen, etwa in Rußland und Spanien. Er gibt z.B. Kurse in Fuengirola, das ähnlich wie Mallorca für die Deutschen ein finnisches Ferienzentrum geworden ist.

Seit etwa drei Jahren existiert ein Verein (Esko Jalkanen Luonnonvoimat RY), den Jalkanen ins Leben gerufen hat und der sich praktischen Aufgaben zuwendet. Jalkanens forstwirtschaftliche und gärtnerische Tätigkeit führte vor einigen Jahren dazu, daß in Lappland ein Anbau von Kräutern begann. Die Kräfte der Mitternachtssonne, die 24 Stunden herunterstrahlen, garantieren ein ganz besonders intensives, aber hier in der arktischen Region mildes Wachstumsklima für sensible Heilpflanzen. Inzwischen sind die ersten homöopathischen Mittel im Handel, die aus diesem Anbau stammen.

Diese Initiative, die neue Arbeitsstellen in einer peripheren Gegend der Europäischen Union schafft, soll auch auf die Naturkräfte aufmerksam machen, die eine besondere Qualität – statt Quantität – der pflanzlichen Erzeugnisse garantieren. Dieser Aspekt wird aber noch kaum von denjenigen verstanden, die die europäischen Landwirtschaftsdirektiven in Brüssel erlassen.

Diese Arbeit in Lappland soll durch den Verein unterstützt, finanziert und weiterentwickelt werden. Die Einnahmen der Bücher und Kurse Jalkanens fließen in die Vereinskasse. Und es werden auch immer

---

1. Elias Lönnrot: Om Finnarnes magiska medicin. (Über die magische Medizin der Finnen.) Helsinki 1832. Zu den Heilungsworten siehe auch meinen Artikel „Das Blutstillen in der Kalevala" in diesem FLENSBURGER HEFT.

Tiina Lindholm während eines Jalkanen-Kurses in Turku
Foto: Sirkku Lumioksa

Menschen gesucht, die bei der Arbeit mit fundiertem Fachwissen behilflich sein können.

Die Vereinsarbeit wird von Tiina Lindholm geleitet.[2] Sie ist Magister der Gesundheitswissenschaften und in einer leitenden Position in der finnischen Krankenpflegergewerkschaft tätig. Während der Kurse übernimmt sie verstärkt die Aufgaben des Unterrichts von Esko Jalkanen, der sich auf diese Art um den „Nachwuchs" kümmert.

Die Elementarwesen teilen sich den Menschen mit

Während meines Besuchs in Lievestuore fragte ich Pirkko Jalkanen, als wir in der Küche zusammensaßen, wann und wie ihre ersten Begegnungen mit Elementarwesen stattfanden. Pirkko Jalkanen antwortete mir: „Wir waren mit der Familie Kaitaharju unterwegs durch Lappland. Auf dieser Wanderung, irgendwann Ende der 60er, Anfang der 70er Jahre, kamen die ersten zwei Wesen mit. Sie sind weiblich, heißen

2. Tiina Lindholm ist erreichbar unter ihrer e-Mail-Adresse: tiina.lindholm@sci.fi

Luobmasjokka, Lappland
Foto: Bernd Hansen

Reetta und Neiti und sind lappländische Tomtefrauen. Sie begleiteten uns zurück nach Lievestuore und wirken seither hier in unserer Küche, in der immer sehr viel für mich zu tun war. Ich mußte die ganze Gärtnereibelegschaft beköstigen, und die eigenen Kinder waren auch noch da. Ich hatte zwar für die Küchenarbeit ein Mädchen zur Hilfe, sie mußte aber im Sommer oft zu Hause auf dem eigenen Hof helfen.

Nach einem Jahr bat Reetta darum, am Weihnachtstage nach Hause gehen zu können, was ich ihr natürlich erlaubte. Sie kam wenig später zurück. Seit dieser Zeit bereiten die beiden Tomtefrauen das Weihnachtsessen für die ganze Schar der Elementarwesen am Ort zu. Es sind 120 Wesenheiten."

Pirkko Jalkanen schilderte auch, wie der Kontakt mit den Elementarwesen durch das Gespräch stattfindet. Sie sieht diese Wesenheiten nicht. Die Geistwesen teilen sich den Menschen mit, wenn es an der Zeit ist.

„Werde gesund“

Interview mit Esko Jalkanen

von Wolfgang Weirauch

Esko Jalkanen
Foto: Sirkku Lumioksa

Es war Winter 1998, und wir fuhren durch Mittelfinnland Richtung Norden nach Lievestuore. Jussi Tuuri, Pfarrer der Christengemeinschaft in Helsinki, und ich hatten einen ungewöhnlichen Termin. Esko Jalkanen, einer der bekanntesten Heiler Finnlands, wartete auf uns.

Als wir sein Grundstück betraten, war es uns fast, als würden wir in ein Märchenreich eintauchen: ein großes Grundstück mit kleinen Busch- und Baumgruppen, kleine Seen und Gärtnereianlagen und in der Mitte das etwas erhöht liegende Wohnhaus. Eine leichte Schneedecke hüllte alles in einen zauberhaften Mantel, es klirrte vor Frost (–25° C), aber die Sonne schien und malte ihr warmes Licht über die erstarrte Landschaft.

Zwei Tage nahmen wir an dem Leben von Esko Jalkanen und seiner Frau Pirkko teil und fragten ihn nach seinen Heilmethoden, seinen Hausgeistern und anderen Elementarwesen, und wir lernten seine ätherischen Wanderungen über die Erde kennen. Jussi Tuuri übersetzte meine Fragen und Esko Jalkanens Antworten.

Wolfgang Weirauch: Bitte schildern Sie einige markante Punkte Ihrer Biographie.

Esko Jalkanen: Ich war fünf Jahre im Krieg, habe anschließend fünf Jahre in der Industrie gearbeitet, bis ich mit der Arbeit in den Gewächshäusern auf meinem Grundstück begann. Diese Tätigkeit habe ich 40 Jahre durchgeführt, und jetzt hat sie einer meiner Söhne übernommen. Mittlerweile bin ich 76 Jahre alt. Bei meiner Gartenbautätigkeit habe ich auch die Fähigkeit zum Rutengänger erworben. Seit einiger Zeit bin ich aber so weit, daß ich alles, was ich mit der Wünschelrute gemessen und erspürt habe, auch ohne sie messen kann. Während meiner Arbeit in der Gärtnerei habe ich immer intensiver die Physiologie des Bodens, der Pflanzen und des Wachstums studiert.

„Mir eröffnete sich eine neue Welt"

Vor einiger Zeit hatte ich im Zuge meiner Gartenbautätigkeit einen Unfall mit einem Traktor, bei dem ich mich ernsthaft am Rücken verletzt habe. Ich rang um mein Leben und wurde währenddessen ein anderer Mensch. Schon damals war ich so weit, daß ich die Bioenergie der einzelnen Pflanzen beobachten konnte und wußte, durch welche Mittel man sie verstärken oder hemmen kann. Ich konnte mit meiner Wünschelrute z.B. die einzelnen Spurenelemente und Mineralstoffe der verschiedenen Pflanzen kontrollieren und verfolgte mit ihr alle Phasen des Wachstums.

W.W.: Wann hatten Sie Ihr erstes übersinnliches Erlebnis, oder würden Sie das Erspüren der Bioenergie der einzelnen Pflanzen auch als ein übersinnliches Erlebnis bezeichnen?

E. Jalkanen: Die Rute war für mich der erste Anfang, und mit ihr eröffnete sich für mich eine neue Welt. Das bedeutete für mich aber auch eine große Belastung, denn ich begriff sehr schnell, welche Anforderungen an mich durch das Wahrnehmen einer neuen Welt gestellt wurden. Mit meiner Rute erspüre ich auch die Naturgeister und die Richtung, in der sie wirken. Zwar schaue ich sie nicht übersinnlich, aber sie werden mir zur unmittelbaren Erfahrung. Dadurch werden mir z.B. die Naturgeister in meiner Holzscheune bewußt; ganz gewöhnliche Naturgeister, wie sie in jeder Holzscheune sind, wenn diese mehr als 100 m von einer Straße entfernt steht. Aber mittlerweile bin ich – wie gesagt – in der Lage, ohne Wünschelrute, durch unmittelbares Anschauen zu erkennen, wer in einer Holzscheune wohnt.

Die Naturgeister wandern nach Finnland

Einige Wochen bevor das Kernkraftwerk in Tschernobyl explodiert ist, habe ich bemerkt, wie scharenweise Naturgeister aus der ehemaligen Sowjetunion durch Finnland in Richtung Schweden gezogen sind. Derzeit ist es in Südschweden aber so, daß die Ausländerfeindlichkeit der Menschen immer stärker zunimmt, so daß die Naturgeister dort nicht mehr existieren können. Da sich die Verhältnisse in Rußland und den ehemaligen Republiken der Sowjetunion aber nicht verbessert haben, z.B. die radioaktive Belastung, können die Naturgeister auch nicht in diese Gebiete zurückkehren, so daß Finnland für sie zu einer Art Auffangbecken wird. Zur Zeit sind alle Scheunen Finnlands mit Naturgeistern voll.

Ich messe die Qualität einer Landschaft auf einer Skala. 30 ist sehr gut. In Südschweden habe ich allerdings nur 1 gemessen. Aber schon, wenn die Skala auf einen Wert von 8 abgesunken ist, kann es sein, daß die Naturgeister des betreffenden Ortes verschwinden oder mit der ätherischen Welt verschmelzen.

W.W.: Was ist mit dieser Skala genau gemeint? Mißt man auf ihr die Güte bzw. Lebendigkeit und Qualität der Ätherizität des jeweiligen Ortes?

E. Jalkanen: Die Skala habe ich entwickelt, weil ich zuerst keine Anhaltspunkte für die ätherische Qualität einer Landschaft hatte. Als einen Anhaltspunkt habe ich mir die Ortschaft Piippola – im Zentrum Finnlands – genommen und sie anfangs mit der Zahl 10 belegt. Ausgehend von dieser Größe konnte ich innere Vergleiche ziehen. Heute

Esko Jalkanen während unseres Besuchs in Lievestuore
Foto: Jussi Tuuri

kann ich sagen: Sinkt die Skala bis zur Zahl 8 ab, ist der Tiefpunkt erreicht, an dem die Elementarwesen zu flüchten beginnen bzw. sich auflösen. Weil in Finnland derzeit so ungeheuer viele Naturgeister anwesend sind, wäre es gut, wenn sich die Finnen viel stärker mit ihnen anfreunden würden. Vielleicht sollte man sogar eine amtliche Beziehung zu ihnen schaffen. In Finnland liegen die Werte auf meiner Skala bei 30, in Südschweden bei 1. Fällt die Skala sogar unter 0, dann geht von einer solchen Landschaft eine vernichtende Wirkung aus.

Im Dienst zur Heilung der Erde

W.W.: Wie war es für Sie, als Sie mit der Wünschelrute zum ersten Mal eine Art übersinnliche Wahrnehmung spürten? Hatten sie zu dieser Zeit auch schon Begriffe von übersinnlichen Welten?

E. Jalkanen: Bevor ich die Rute in die Hand nahm, kannte ich bereits verschiedenste Werke von Blavatsky, Steiner und dem finnischen Theosophen Pekka Ervast. Den Umgang mit der Rute hat mir mein

Lehrer Mauno Pohjonen gezeigt. Ich mußte längere Zeit üben, bevor ich erste Ergebnisse bekam. Ich versuchte z.B., Pflanzen mit der Rute zu messen, aber die Rute bog sich nicht. Als ich dann zum ersten Mal eine Wirkung spürte, war dies eine Art moralisches Erlebnis, und ich versprach in diesem Moment der geistigen Welt, daß ich, wenn ich weitere Fähigkeiten als Wünschelrutengänger erlangen würde, sie nur zur Heilung der Erde und der Menschen verwenden würde. Ich versprach in diesem Moment auch, mein Können nicht für irgendwelche Tricks anzuwenden, sondern es nur in den Dienst zur Heilung der Erde zu stellen.

Aufgrund meiner Untersuchungen bin ich zu der Einschätzung gelangt, daß etwa die Hälfte der Finnen prinzipiell die Fähigkeit zum Rutengänger ausbilden kann, während es bei den Schweden nur noch ein Viertel ist. Insofern sind die Finnen in dieser Hinsicht ein auserwähltes Volk.

Die Hauptaufgabe eines Wünschelrutengängers ist, die Erdstrahlung in den Häusern zu vernichten. Wenn ich ein Haus in diesem Sinne behandele, dann verschwindet die Erdstrahlung. Das Wohnungsmilieu der Menschen muß von den Erdstrahlen befreit werden.

W.W.: Können Sie darstellen, welche übersinnlichen Leiber der Mensch neben seinem physischen Leib hat?

E. Jalkanen: Was ich von den übersinnlichen Wesensgliedern des Menschen weiß, ist identisch mit dem, was ich aus der Anthroposophie kenne. Das ist eine kausale Ordnung der Natur und der geistigen Welt, und daran kann man nicht rütteln. – Die der physischen Welt am nächsten stehende übersinnliche Sphäre ist die ätherische Welt. Derzeit gibt es bereits viele Menschen, die anfängliche Schauungen in diesen ätherischen Bereichen haben. Sie können z.B. Krankheiten schauen, die im Menschen veranlagt, aber noch nicht ausgebrochen sind, etwa Leberkrankheiten.

Die ätherische Wanderung um die Erde

W.W.: In welchem Zustand befindet sich die ätherische Welt derzeit?

E. Jalkanen: Vor einigen Jahren war ich mit meiner Frau in Indien. Dabei ist mir unmittelbar zu Bewußtsein gekommen, wie krank und

Pirkko und Esko Jalkanen
Foto: Sirkku Lumioksa

schwierig die Situation für die Naturgeister geworden ist. Die Naturgeister erkranken durch das Fehlverhalten der Menschen. Angesichts dieser Situation kam mir das Bedürfnis zu helfen. Dazu wandere ich jeden Tag mit meinem ätherischen Körper auf einer bestimmten Route um die Erde, zum Kilimandscharo, in den Himalaja usw. Als ich mich zum ersten Mal geistig zur Ätherwelt des Kilimandscharo bewegte, war ich überrascht, wie viele Naturgeister sich dort versammelt hatten. Auch dort bemerkte ich die für die Naturgeister sehr schwierige Situation in der heutigen Zeit.

Unter den Naturgeistern gibt es übrigens zwei herausragende mächtige Wesen: den Goldenen Herrn und den Weißen Herrn. Der Goldene Herr hat die gesamte Erde in seiner Obhut, der Weiße Herr sorgt sich um die Menschen und die Pflanzen. Man könnte sie auch als Engelwesen bezeichnen. Ich habe den Weißen Herrn gefragt, ob ich den Hunderttausenden von Naturgeistern des Kilimandscharo helfen könne. Die Begegnung mit dem Weißen Herrn war sehr eindrucksvoll, und er erschien mir als ein mächtiges wolkenartiges Wesen. Während dieser Begegnung bekam ich auch Hilfe für mich selbst.

W.W.: Können Sie noch etwas konkretisieren, wie Sie diese ätherische Wanderung um die Erde vollziehen?

E. Jalkanen: Das kann ich schwer beschreiben. Es muß aber so sein, daß meine Individualität und meine Seele zusammen mit meinem Ätherleib auf Wanderschaft gehen, denn auf meiner Wanderung habe ich alle meine Verstandes- und Vernunftkräfte dabei. Auch mein logisches Denken habe ich parat.

Die Erfahrungen, die ich beim ätherischen Wandern mache, sind von denen zu unterscheiden, die man beim astralischen Wandern macht. Beim Astralwandern ist der Mensch vollkommener dabei, aber das kann ich nicht. Die Bedingungen dafür sind zu hart. Mit dem ätherischen Wandern vollziehe ich meine schon beschriebene Segensreise um die Welt, und dabei helfen mir einige Botschafter indischer Gurus. Das sind keine Menschen, sondern sie helfen mir als Dauerbotschafter und halten sich hier in diesem Raum auf. Zudem gibt es noch zwölf weitere höhere Wesenheiten, die auch hier erscheinen und mir bei der ätherischen Wanderung helfen. Wenn die Verbindung mit diesen genannten Wesenheiten aufgenommen worden ist, kann ich meine ätherische Wanderung um die Erde vollziehen.

Und wenn ich mich von einem Moment auf den anderen von Finnland zum Kilimandscharo versetze, dann ist es meine Aufgabe, die ätherische Situation dieses Ortes zu beschreiben, so daß im Anschluß der Weiße Herr helfen kann.

W.W.: Haben Sie eine bestimmte Methode, sich auf eine solche ätherische Wanderung vorzubereiten? Auf welche Weise schwingt Ihr Erleben vom normalen Tagesbewußtsein in Finnland in die Schau des Kilimandscharo um?

E. Jalkanen: Zuerst bitte ich um einen Schutz. Anschließend binde ich so viele gute Geister an mich, daß die Reise zum Kilimandscharo und weiter zum Himalaja kein Problem mehr darstellt. Die Orte, die ich über die Erdkugel hinweg besuche, habe ich mir selbst ausgesucht. Mein Motiv ist immer, an diesen Orten zu helfen. Das Erlebnis der jeweiligen Landschaft taucht plötzlich in meinem Bewußtsein auf, und ich schaue dann die ätherische Landschaft mit all den zahlreichen Naturgeistern. Je öfter ich die Orte auf meiner Route besuchte, desto weniger Naturgeister traf ich, die meine Hilfe brauchten. Mittlerweile mache ich meine Reise seit etwa einem Jahr, und in der letzten Zeit treffe ich kaum noch Elementarwesen an, die ich zu heilen brauchte. Deshalb habe ich den Weißen Herrn gefragt, ob ich meine Heilungsroute überhaupt noch durchführen müßte. Er antwortete mir, daß ich damit fortfahren solle, weil dann von den Orten, an denen ich verweile, Heilungskräfte zur Regenerierung der Natur und der Naturgeister ausstrahlen würden.

W.W.: Welche Orte besuchen Sie auf Ihrer Reise um die Erde?

E. Jalkanen: Zuerst gehe ich nach Indien zum Taj Mahal, dann nach Argentinien, dann zum Kilimandscharo in Afrika, anschließend kommt der Himalaja, dann das Altai-Gebirge in Zentralasien und anschließend der Baikalsee an die Reihe.

W.W.: Warum haben Sie gerade diese Route ausgewählt?

E. Jalkanen: Weil mir gesagt worden ist, daß sich die meisten Naturgeister bei den hohen Bergen versammeln. Und wenn sie die Wege zu den hohen Bergen gefunden haben, schildern sie diese den anderen Naturgeistern. Das ist wie die Verbreitung von Gerüchten und Neuigkeiten bei den Menschen.

Bewußtseinsgrenzen durchstoßen

W.W.: Haben Sie eine bestimmte Meditation, die Sie vor oder während einer solchen Reise durchführen, um Ihre übersinnlichen Fähigkeiten zu steigern?

E. Jalkanen: Meine Wahrnehmungen erweitern sich mit einer solchen Geschwindigkeit, daß ich keine Zeit zum Meditieren habe. Und diese Erlebnisse sind wahrlich erschütternd! Meine Erkenntnisse werden dabei immer umfassender. Zuerst ist es immer so, als würde ich mit meinem Bewußtsein an eine Grenze stoßen; es ist wie ein Brett vor der geistigen Welt. Aber wenn ich meine Erlebnisse einige Zeit geordnet habe, durchstoße ich dieses Brett und komme zu neuen Erkenntnissen. Dann stoße ich wieder an eine noch höhere Grenze, bis ich auch diese nach einiger Zeit durchstoßen habe usw.

Ich habe mit einer Gruppe von Menschen eine spirituelle Säuberungsaktion einer Landschaft durchgeführt. Diese Landschaft hatte zuerst den katastrophalen Wert von minus 7. Aber durch unsere gemeinsamen spirituellen Anstrengungen konnten wir die Landschaft heilen. Genauso wie eine Landschaft kann man auch einen Menschen heilen, indem man die Nachwirkungen der vergangenen Leben säubert. Im Grunde ist das eine ganz einfache Übung. Dazu bittet man z.B. darum, daß die negativen Wirkungen der letzten fünf Inkarnationen geistig gesäubert werden. Ebenso kann man es mit den negativen Wirkungen der jetzigen Inkarnation durchführen. Die Säuberung beginnt schon während der Bitte.

Bioenergie

W.W.: Das Karma der vergangenen Leben kann man aber doch nicht auslöschen, denn man hat die verschiedensten Ursachen gelegt. Deswegen ist mir noch nicht ganz klar, was Sie mit den negativen Wirkungen der vergangenen Inkarnationen meinen.

E. Jalkanen: Das Karma kann man natürlich nicht ändern, das ist vollkommen richtig. Im Unterschied zum Karma gibt es aber noch ein Bioenergiefeld des Menschen, und zwar ein lebendiges Bioenergiefeld aus diesem Leben und ein geistiges aus dem letzten Leben. Das geistige Bioenergiefeld des Menschen umfaßt, wenn man es in Zahl und Maß ausdrücken will, etwa 170 cm. 170 cm hat ein bodenständiger Mensch, der normal inkarniert ist und sein Bewußtsein auf dieses eine Leben beschränkt. Wenn ein Mensch mit einer geistigen Entwicklung beginnt, können die 170 cm geistige Bioenergie auf 180 cm wachsen. Bei dieser Größe kann man anfänglich Kontakt zu den Naturgeistern aufnehmen. Durch geistige Übungen kann die Größe des geistigen Bioenergiefeldes aber auch auf 2–3 m, manchmal sogar bis auf 20 m anwachsen.

Der Kausalleib ist etwas anderes, aber auch er kann mit dem Anwachsen der geistigen Bioenergie zunehmen. Bei dem bodenständigen Menschen, der 170 cm Bioenergie hat, hat der Kausalleib einen Durchmesser von etwa 50 cm. Dagegen hat er bei geistig fortgeschrittenen Menschen einen Durchmesser bis zu 30 km. Das sind Menschen, die Verbindung zur kosmischen Intelligenz und zu Christus haben.

W.W.: Wie kommen Sie zu dem Maß des geistigen Bioenergiefeldes? Sind die 170 oder 180 cm die Größe einer ätherischen Aura des Menschen?

E. Jalkanen: Ich unterscheide – wie gesagt – das geistige Bioenergiefeld von dem Gesundheits-Bioenergiefeld. Früher waren beide Felder identisch, nun ist aber das Gesundheits-Bioenergiefeld bei den Menschen um 250 cm gewachsen.

Der Kausalleib und das geistige Feld des Menschen fallen beim Anschauen in etwa zusammen. Aber der Kausalleib wächst und beginnt zu leuchten, wenn der Mensch sich geistig entwickelt. Anfang des Jahrhunderts gab es eine Konferenz der Theosophischen Gesellschaft in Stockholm mit Blavatsky, und jemand fragte sie, wessen Kausalleib hinten im Saal so ungeheuer leuchten würde. Das war der finnische Theosoph Pekka Ervast. Er hat einen theosophisch-philosophischen Verein in Finnland gegründet. Daß sein Kausalleib so starke leuchtete, war Beweis dafür, daß er in seiner geistigen Entwicklung weit fortgeschritten war.

Dann kam in der Theosophischen Gesellschaft die Zeit, in der Leadbeater behauptete, daß Jesus in einer früheren Inkarnation Jeshu ben Pandira gewesen sei. Aber dem haben Pekka Ervast und Rudolf Steiner widersprochen. Mit alten Methoden kann man den Kausalleib des Jesus nicht mehr schauen, denn seitdem Christus sich in Jesus inkarniert hat, hat sich sein Kausalleib über die ganze Erde ausgebreitet.

Je weiter man in der geistigen Entwicklung fortschreitet, desto größer wird die Kausalleiblichkeit, und sie kann letztendlich den Umfang der ganzen Erde erreichen. Die Kraft, die ein Mensch geistig in Bewegung setzen kann, hängt von der Größe seines Kausalleibes ab. Und die Größe des Kausalleibes ist wiederum von der Größe seines geistigen Bioenergiefeldes abhängig. Der Mensch kann die gesamte Kraft dessen, was die Kausalleiblichkeit beinhaltet, nur dann voll ausschöpfen, wenn dafür ein Bedürfnis vorliegt.

Und diese geistigen Kräfte sind im Prinzip zugleich grenzenlos, denn sie gehen aus göttlichen bzw. Christus-Kräften hervor. Eine Vorstellung dieser unsichtbaren Kräfte des Kausalleibes bekommt man, wenn man an die Wunder- und Heilungstaten denkt, die in der Bibel geschildert sind. Auch wenn es heißt, daß der Glaube Berge versetzen könne, nähert man sich diesem Phänomen, denn die Größe und Macht dieser geistigen Kräfte sind grenzenlos.

Eine Fernheilung

W.W.: Sie heilen auch Menschen durch Fernheilung. Wie machen Sie das?

E. Jalkanen: Nennen Sie mir einen konkreten Fall.

– Es wird ein in Deutschland lebender Mensch geschildert, der durch seine Arbeit und durch die kollegiale Zusammenarbeit sehr geschwächt ist. Esko Jalkanen besinnt sich kurz, hat diesen Mensch vor seinem geistigen Auge und weist darauf hin, daß die Ursache der Schwächung ein „Böses Auge" an seinem Arbeitsplatz sei. Gleich anschließend geht er zur Heilung über, indem mit kräftiger Betonung fünfmal ein Satz ausgesprochen wird. Dieser Satz lautet: „Werde gesund." –

E. Jalkanen: Werde gesund! – Ursache dieses Bösen Auges ist eine konkrete Person, die ich nun heilen werde. Es ist mein Prinzip, das Böse bzw. Kranke grundsätzlich mit Gutem zu heilen.

– Im Folgenden wird die Person, die das Böse Auge verursacht hat, geheilt. Esko Jalkanen bittet um eine Verbesserung der Arbeitsbedingungen der ersten Person. Diese Bitteformel wird fünfmal ausgesprochen. Dann wird eine Segensformel für die erste Person und den Arbeitsplatz ausgesprochen, damit sie von Christus-Kräften durchdrungen werden können. Vor und nach dieser Heilung mißt Jalkanen das Bioenergiefeld der ersten Person, das während seiner Heilung von verkümmerten Ausmaßen auf 230 cm anwuchs. –

Wenn man Ergebnisse haben will, muß man immer so vorgehen, daß das Böse mit Gutem geheilt wird. Ein Böses Auge an einem Arbeitsplatz kann z.B. dadurch entstehen, daß Menschen böse Gedanken denken. Diese Gedanken verfliegen dann nicht, sondern konzentrieren sich um einen Menschen bzw. um dessen Arbeitsplatz. Oft ist es sogar so, daß der Verursacher solcher Gedanken nicht einmal weiß, daß er sie bewirkt hat. Manchmal kann auch ich nicht sagen, aus welcher Richtung solche bösen Gedanken kommen. Es gibt auch Stellen, also sogenannte Böse Augen, die durch die bösen Gedanken vieler Menschen entstanden sind. Dann ist es schwer, die Gedanken der einzelnen Menschen auseinanderzuhalten. Solche Bösen Augen muß man oft dreimal behandeln, ehe die bösen Gedanken auseinandergehen und vernichtet werden können. Wenn eine solche Säuberung vorgenommen wird, bekommt der

Erzeuger der bösen Gedanken einen Anstoß zum Guten, und er kann dadurch ein besserer Mensch werden.

W.W.: Wenn Sie übersinnliche Wahrnehmungen haben, werden Ihnen wohl auch Irrtümer unterlaufen, oder es werden Ihnen Trugbilder erscheinen. Haben Sie eine Methode, Irrtümer und Trugbilder von Wahrbildern zu unterscheiden?

E. Jalkanen: Wenn ich den Weg des Helfens und Heilens beschreite, steht nicht das persönliche Erkennen und übersinnliche Schauen im Vordergrund. Statt dessen helfe ich ganz einfach, und nichts von dem, was ich bisher als Antwort darauf erhalten habe, deutet darauf hin, daß ich dabei etwas Falsches gemacht hätte. Wenn ich z.B. einen Telefonanruf aus New York bekomme, erlebe ich ganz unmittelbar die Größe des Bioenergiefeldes des Anrufers, und ich erlebe oft, wo im Ätherischen des Anrufers eine Krankheit im Entstehen ist. Ich weiß nicht, wer mir dies zeigt, aber ich sehe es sofort. Ich versuche dann, die Krankheit zu heilen, und wenn mich der Betreffende das nächste Mal anruft, ist die Krankheit verschwunden, zumindest erkenne ich sie nicht mehr.

Im Moment einer Heilung bekomme ich die dazu nötigen Kräfte von höheren geistigen Wesen. Sie wissen bereits vorher, wofür ich ihre Kräfte verwenden will. Das Gleiche erlebe ich bei der Rute: Niemand kann sagen, wer die Rute biegt. Zumindest ist es für mich unbegreiflich, und ich kann es nicht erklären.

W.W.: Sie setzen Ihre Fähigkeiten ein, um Menschen zu helfen und sie zu heilen. Kann im Prinzip jeder Mensch eine solche Fähigkeit erwerben?

E. Jalkanen: Ich gebe Kurse, in denen ich diese Fähigkeiten vermittele. In der ersten Stunde fordere ich die Teilnehmer auf, ein Glas mit Wasser zu füllen, die Hände um dieses zu legen und mit innerer Intensität zu sprechen: „Ich bitte, daß ich diesem Wasser so viel Bioenergie vermitteln darf, wie es erlaubt ist.“ Wenn der Mensch diesen Prozeß innerlich vollzieht, kann ich erkennen, wieviel Bioenergie er dem Wasser vermitteln kann. Jeder Mensch hat dazu die Fähigkeit, der eine mehr, der andere weniger. Zu einem späteren Zeitpunkt kann man statt des Wasserglases einen Menschen nehmen und ihm heilende Kräfte vermitteln. Das Wichtige ist dabei der Akt des Vermittelns.

Landschaft in Lappland
Foto: Bernd Hansen

Schwingungen

Ein zweiter Schritt – nach der Bitte, möglichst viel Bioenergie in das Wasser zu vermitteln – ist, das Wasser mit möglichst vielen Schwingungen zu durchsetzen. Dieser zweite Teil ist auch sehr wichtig, und er ist keine Vermittlungsaufgabe, sondern eine Setzungsaufgabe. Man könnte z.B. den frühen Kindstod bei allen Kindern vermeiden, wenn man diese Schwingungen für die kleinen Kinder einsetzen würde.

W.W.: Sind geistige Wesen der Ursprungsort dieser Schwingungen?

E. Jalkanen: Es gibt in diesem Haus ein Gesetz: Zu schwierige Fragen darf man nicht stellen!

Es gibt zwei Pole: Bioenergie und die Schwingungen. Wenn die Schwingungen wachsen, steigt auch die Bioenergie an. Beide gehen Hand in Hand. Allerdings gibt es noch etwas Drittes, und zwar die Speicherung. Anhand der Schwingungen erkennt man den allgemeinen Zustand eines Landes, z.B. das Elend in Indien. Mit dem Ansteigen oder Fallen der Schwingungen in einer Region ist auch das Materialisieren bzw. Entmaterialisieren der Spurenelemente verbunden. Die Schwingungen sind sozusagen ein Lebensindikator der ganzen Erde. Vor einiger Zeit lag die Schwingungsstufe der Erde bei plus 3. Dann habe ich hier in Finnland eine Gruppe von Menschen geschult, die seitdem Sorge für das Schwingungsfeld der ganzen Erde trägt. Durch ihre Anstrengung ist der Schwingungszustand auf plus 6 gestiegen. Das ist zwar nicht viel, aber es gibt viele Behinderungen ihrer Arbeit, z.B. die Zustände im Irak.

Naturgeister umsorgen das Haus

W.W.: Unterscheiden Sie die geistigen Wesen ähnlich wie die Anthroposophie, also Naturgeister, Geist der Erde, Engel, Erzengel und die höheren Hierarchien? Welche dieser geistigen Wesen erleben Sie?

E. Jalkanen: Ich habe vor allem Kontakt mit den Wesen, die hier in dieser Gegend in der Natur arbeiten. Darunter sind auch Naturgeister, die den Menschen helfen wollen und deswegen eine menschenähnliche Gestalt angenommen haben. Dann gibt es z.B. die Peikos, gnomenhafte Wesen im Bereich der Wurzeln und Felsen, die nichts mit den Menschen zu tun haben wollen. Sie haben ihr haariges Wesen behalten. Tontus dagegen haben ein rotes Köpfchen, und sie haben alle Haare verloren. Das ist ein Zeichen dafür, daß sie dem Menschen näherstehen. Bei einem Besuch in Lappland blieb einmal ein Wesen der Menninkäinen – das sind Erdwesen – in meinen Kleidern hängen, und ich brachte dieses Wesen mit in unser Haus. Es stieg die Treppe nach oben und blieb dort über ein Jahr sitzen und wuchs während dieser Zeit beträchtlich.

Zu meiner Frau kam eines Tages ein anderes Naturwesen in die Küche. Dieses sah in seiner Art sehr sachlich aus, ähnlich wie eine Haushaltslehrerin. Meine Frau nahm den Naturgeist aus Lappland, der auf der Treppe saß – ein Mädchen –, in die Schulung, und nach und nach verlor auch dieses lappländische Naturwesen alle Haare. Jetzt stehlen diese beiden Naturgeister ständig Eßwaren aus der Küche, um damit die anderen Naturgeister zu füttern, die um unser Haus herum leben.

Am Ende unseres Gartenzauns liegt ein großer Stein. Dort wohnt ein Naturgeist namens Jussi. Er kommuniziert intensiv mit anderen Naturgeistern, und immer wenn einer meiner Söhne mit dem Auto wegfährt, schickt er einen Naturgeist mit. Man kann Jussi spüren, wenn man auf seinem Platz sitzt. Setzt man sich auf den großen Stein, dann sitzt Jussi auf dem Schoß. Ich selbst spüre das an meinen Händen und meinen Füßen. Die Aufgabe der im Auto mitfahrenden Naturgeister ist es, das Auto rechtzeitig, d.h. spätestens etwa 1 km vor dem Punkt zu stoppen, an dem es normalerweise in einen Unfall verwickelt werden würde.

Karolus verhinderte den Start des Flugzeugs

W.W.: Ist es schon einmal passiert, daß ein Auto vor einem möglichen Unfall angehalten worden ist?

E. Jalkanen: Vor einigen Jahren war ich mit meiner Frau in Argentinien, um dort Verwandte zu besuchen. Diese Verwandten fuhren mit ihrem Auto in die Berge, aber plötzlich funktionierte in diesem Auto nichts mehr, und sie mußten in einem Dorf übernachten. Am nächsten Tag funktionierte es wieder, und sie konnten nach Buenos Aires zurückfahren, wo man in einer Werkstatt nicht den geringsten Fehler entdek-

Ronnie Graham: The Bog Man
Foto: Bernd Hansen

Ronnie Graham: Freedom
Foto: Bernd Hansen

ken konnte. Mein Verwandter hat dann den Naturgeist Petrus, einen Freund von unserem Jussi, gefragt, ob er das Auto angehalten hätte. Dieser antwortete: „Ja, ich war es!"

Etwas Ähnliches passierte uns auf dem Flughafen von Kairo. Das war während des ersten Golfkrieges, als viele Menschen von Kuwait nach Ägypten geflüchtet waren und von Kairo aus weiterfliegen wollten. Deshalb brauchte man zusätzliche Maschinen, unter denen auch viele ältere Modelle waren. Wir warteten auf unseren Flug, aber der Start unserer Maschine wurde ständig verschoben. Offiziell hieß es, daß ein Motor nicht anspringe. Ich fragte Petrus, ob er das bewirkt habe, was er bestätigte. Er fügte hinzu, daß ansonsten die Motoren in der Luft stehengeblieben wären. Petrus kann allerdings nicht allein und direkt ein Fahrzeug stoppen. Er betrachtet nur die möglichen Gefahren und gibt dann seine Wahrnehmungen an höhere Naturwesen weiter, die dann das Fahrzeug stoppen. Karolus ist ein solches höheres Naturwesen.

Neben den Engeln gibt es andere Hierarchien. Eine von ihnen nenne ich die technische Hierarchie. Karolus gehört zu dieser. In der finnischen Stadt Jyväskylä gibt es eine Gruppe von Menschen, die sich regelmäßig in einem orthodoxen Kloster versammelt. Diese Personen versetzen sich in Trance. Während einer Trancesitzung nahm man Kontakt mit mir auf und teilte mir mit – was mich etwas beleidigte –, daß ich mehr Kraft für meine Untersuchungen aufbringen solle, nicht so sehr für äußere Tätigkeiten wie z.B. Kurse. Später kam Karolus zu mir und teilte mir mit, daß er es war, der durch den sich in Trance befindenden Menschen gesprochen habe.

Die Wesen, die zu der technischen Hierarchie gehören, stammen von anderen Planeten, haben ein gutes Karma und arbeiten mit den guten Hierarchien zusammen. Sie sind zuständig für das Funktionieren der technischen Welt, z.B. dafür, daß eine Operation reibungslos verläuft. Karolus ist ein Wesen, das man mit der Stufe der Erzengel vergleichen könnte. Karolus hat mit der Kräftewelt der Materialisation und der Dematerialisation zu tun. Verschiedene Menschen, sogenannte alte Seelen – also z.B. Menschen, die in den letzten beiden Inkarnationen auf dem Pfad gewesen sind –, haben die Möglichkeit, mit diesen Kräften der Materialisation und Dematerialisation umzugehen, und sie können mit Karolus zusammenarbeiten.

In der nächsten Zeit werden Menschen kommen, die geistig in der Lage sein werden, z.B. den kargen Böden Äthiopiens Stoffe – Zucker – beizumischen, so daß der Boden wieder fruchtbar wird. Durch Dematerialisation wird man auch in Zukunft verschiedene Gifte im Boden paralysieren können.

W.W.: Was verstehen Sie unter dem Vorgang der Dematerialisation?

E. Jalkanen: Dafür ist zweierlei vonnöten. Zum einen muß der Mensch die dafür nötige Reife haben, zum anderen muß er die dafür nötige Kraft erbitten. Momentan braucht man dazu noch verschiedene technische Hilfsmittel, z.B. die Wünschelrute oder ein Pendel. Sie dienen vor allem dazu, um den Prozeß dessen, was geschieht, zu messen. Wenn man z.B. die ausgemergelten Böden Äthiopiens mit Zucker ernähren will, braucht man ein solches technisches Hilfsmittel, um die Kräfte messen zu können. Man kann damit z.B. feststellen, ob die Kräfte in den nächsten Tagen gewachsen sind. Wer an diesen Prozessen zweifelt, kann sich bald nach Äthiopien aufmachen und den Boden analysieren, und er wird feststellen, daß dort – ausgehend von den geistigen Kräften dieser Menschen – Zuckerstoffe entstanden sind.

Die Hohen Brüder

W.W.: Ich möchte noch einige andere geistige Wesen ansprechen, die Sie in Ihren Büchern erwähnen: Wer sind die Hohen Brüder?

E. Jalkanen: Das sind Wesen der höheren Hierarchien, z.B. die Engel oder Erzengel, die sich als Brüder vorstellen.

Wenn ein Mensch auf seinem Pfad sehr weit gekommen ist, wird er frei von seinem Karma und bekommt die Erlaubnis, ins Nirwana aufzusteigen. Die wenigen Menschen, die dazu fähig gewesen wären, sind aber nicht ins Nirwana aufgestiegen, sondern bei der Menschheit geblieben, um als ihre Schutzpatrone zu wirken.

In diesem Gebiet hier in Finnland gibt es einige Arbeitsgruppen, die schon ein Stückweit von ihrem Karma freigeworden sind. Aber sie wissen es selbst nicht, und ich werde es ihnen auch nicht sagen. Sie haben durch ihre Entwicklung in diesem Leben einen gewissen Ausgleich geschaffen.

Ronnie Graham: The Fairy
Foto: Bernd Hansen

Ronnie Graham: The Vision
Foto: Bernd Hansen

Humanoiden

W.W.: Was sind die Humanoiden für Wesen?

E. Jalkanen: Die sind sehr zahlreich, in Finnland gibt es etwa drei Millionen, in Spanien etwa sieben Millionen. Humanoiden sind Wesenheiten, die zu keinerlei Liebe fähig sind.

Vor einigen Jahren hatten wir während des Sommers einen Kongreß ganz hier in der Nähe, bei dem etwa 150 Menschen zu meinem Kurs erschienen. Während dieses Kongresses landete ein Ufo, und viele Humanoiden kamen aus dem Ufo heraus. Wir bekamen von dem Technikwesen Petreus, der eine Rangstufe unter Petrus steht, den Rat, um die Humanoiden herum einem Schutzkreis aus Kiefernzapfen zu bilden. Das haben die Kursteilnehmer getan, und die Humanoiden fuhren wieder ab. Petreus hat uns auch zu verstehen gegeben, daß die lieblosen Humanoiden eine geistige Wesenheit seines Ranges nicht erkennen können. Deswegen konnte er den Menschen helfen.

W.W.: Verfolgen die Humanoiden bestimmte Absichten mit den Menschen?

E. Jalkanen: Es scheint so zu sein, daß die Menschen mit ihren Bedürfnissen und Vorlieben die Humanoiden auf die Erde herunterziehen. Ich bin nicht ganz sicher, ob die Humanoiden etwas mit den Menschen vorhaben, aber ich denke, daß so ein Medium wie das Internet ein Gebiet ist, auf dem die Humanoiden herrschen. Dies wird sich in den nächsten fünf Jahren wesentlich verstärken.

W.W.: Wirken diese Humanoiden besonders im technischen Bereich?

E. Jalkanen: Ja, sie haben sieben Wurzelrassen durchlaufen und sind deshalb ziemlich weit entwickelt. Daraus resultiert ihre Möglichkeit, in die technische Welt hineinzuwirken.

In Himmler lebte eine ahrimanische Wesenheit

W.W.: Wer sind die Luziferen?

E. Jalkanen: Das sind geistige Wesenheiten, die während der dritten Verkörperung der Erde in der Entwicklung stehengeblieben sind. Die ahrimanischen Wesenheiten und die Asuras sind noch früher stehengeblieben. Solche Wesen können auch in Menschen einziehen. In Himmler lebte z.B. eine ahrimanische Wesenheit, was man daran sehen kann, daß er bis kurz vor seinem Tod eine sehr kräftige Natur besaß. Als die ahrimanische Wesenheit ihn aber verließ, wurde er ein überaus schüchterner und ängstlicher Mensch. Es gibt auch asurische Wesenheiten, die in den Menschen wohnen, z.B. in Napoleon, Hitler, Stalin und Saddam Hussein. Ich habe viele Kräfte aufgewendet, um diesen Wesenheiten in verschiedenen Staatsmännern des Nahen Ostens etwas entgegenzusetzen.

W.W.: Wohnen diese ahrimanischen und asurischen Wesenheiten allein in einem menschlichen Leib oder zusätzlich zu einem menschlichen Ich?

E. Jalkanen: Die asurischen Wesen verdrängen weitgehend die astralische Leiblichkeit des Menschen und setzen sich an ihre Stelle. Ich kann nicht sagen, wie weit die Ich-Kräfte eines Menschen ausgelöscht werden, wenn ein ahrimanisches oder asurisches Wesen den Menschen erobert. Wenn ich die Menschen beobachte, die asurasabhängig sind, bekomme ich den Eindruck, daß sie auch nach dem Tod als Asurasabhängige weiterexistieren müssen und daß als geistiges Erbe nichts Menschliches übrigbleibt. – Ich habe zusammen mit meinen Mitarbeitern ein Zeitmaß entwickelt, wie lange man die Bitte aussprechen muß, damit eine Heilung von den asurischen Kräften beginnt. Diese asurischen Kräften beeinträchtigen auch die Friedenskräfte auf der Erde.

Die Mutter Erde

W.W.: Können Sie den Geist bzw. die Seele der Erde darstellen?

E. Jalkanen: Der Geist der Erde bzw. die Mutter Erde steht außerhalb der Hierarchien. Die Mutter Erde hängt mit den Schwingungen der Erde zusammen. In Florida z.B. war die Skala der Erdschwingungen auf 1 abgesunken, und als die Stürme in Folge des El Niño über das Land brausten, stieg sie wieder bis auf 40. Immer dann, wenn Naturereignisse bzw. Naturkatastrophen über eine Gegend hereinbrechen, z.B. Erdbeben, Vulkanausbrüche, Stürme, sogar Heuschreckenschwärme, dann gesundet die Landschaft und die Schwingungszahl steigt. Die Katastrophen und ihre gesundende Wirkung werden von der Mutter

Ronnie Graham: Bog Traveller
Foto: Bernd Hansen

Ronnie Graham: One World
Foto: Bernd Hansen

Erde bewirkt. Wenn man sich eine Hilfsvorstellung von der Mutter Erde bilden will, so kann man sie als ein geistiges Wesen denken, das die gesamte materielle Erde durchzieht, und wenn an einer Stelle die Schwingungen der Erde verbessert werden sollen, so stößt sie an dieser Stelle, und dann entsteht ein Erdbeben, ein Vulkanausbruch oder eine andere Naturkatastrophe.

Wenn der Weiße Herr uns anregt, die Erde zu therapieren, so bedeutet das, daß die Mutter Erde nicht mehr allein in der Lage ist, sich zu heilen.

Die Kraftzentren der Erde

W.W.: Gibt es auf der Erde Kraftzentren?

E. Jalkanen: Jawohl.

W.W.: Wie viele, und wo sind sie?

E. Jalkanen: Es gibt verschiedene Kraftzentren. Überraschenderweise habe ich eines beim Äänissee im russischen Karelien gefunden. Dort gibt es eine Insel namens Kizsi. Diese Insel habe ich mit einem finnischen Minister und dem Leiter der finnischen orthodoxen Kirche besucht. Auf dieser Insel steht eine Kirche, in der sich eine kleine Öffnung im Fußboden befindet. Dort existiert ein Kraftzentrum, das einige Meter in die Tiefe und Hunderte Meter in die Höhe strahlt. Die Kirche war um diese Kraftsäule herum gebaut. Von dieser Art gibt es fünf Kraftsäulenzentren auf der Erde. Die anderen liegen in Indien, Argentinien, Alaska und Afrika.

W.W.: Gibt es bestimmte geistige Wesen, die diese Kraftzentren behüten?

E. Jalkanen: Ja, es gibt Wesen, die dafür Sorge tragen, daß man die Kräfte dieser Kraftzentren nicht in unlauterer Weise benutzt. Alle diese Kraftsäulen sind durch den Organismus der Erde gebildet worden. In Palästina gibt es etwas Ähnliches, aber das ist ein durch die Menschen geschaffenes Kulturkraftzentrum. Davon gibt es auch noch einige weitere auf der Erde, z.B. in Lateinamerika, wo es zeitgleich mit der Kreuzigung in Palästina ebenfalls eine Kreuzigung gegeben hat. Dort wurde ein Schwarzmagier gekreuzigt, der von ahrimanischen Wesen besessen war.

W.W.: Haben Sie das aus der Literatur, oder haben Sie das geschaut?

E. Jalkanen: Das habe ich aus der Literatur, aber wenn ich so etwas lese, kann ich es kontrollieren, indem ich es z.B. mit meiner Rute messe.

W.W.: Welche Art von Kraft geht von den genannten Kraftsäulen aus?

E. Jalkanen: Es besteht ein gewisser Unterschied zwischen der ostkarelischen Säule und den anderen. Diese werden sich von ihrem Wesen her erst in den nächsten 2.000 Jahren öffnen. Nach meinem Verständnis haben die Menschen früherer Zeiten mit Hilfe dieser Säulen die meteorologischen Verhältnisse regeln können. Ich habe mit meiner Rute gefragt, was die Wirkung dieser Säulen in der Zukunft sein wird, und als Antwort gab man mir: „Maul zu!" Das bedeutet, daß man darüber noch nicht reden darf. Jemand muß die Wirkungskraft dieser Säulen neu entdecken, und dann kann man auch in einer neuen Weise mit ihnen umgehen.

Die meteorologische Bedeutung der Kraftsäulen ist allerdings nur eine Nebenwirkung. Und ich glaube, daß die Menschen die Kirche auf der Insel Kizsi nur unbewußt an die Stelle dieser Kraftsäule gesetzt haben. Die eigentliche Entdeckung der Kraftsäulen und die Anwendung ihrer Kräfte wird erst in der Zukunft ermöglicht werden.

Die Tumore verschwanden

W.W.: Können die Menschen durch Umweltverschmutzung, radioaktiven Abfall und andere Gifte die Erde zum Sterben bringen?

E. Jalkanen: Vor langer Zeit war auch der Mars in einer ähnlichen Situation wie heute die Erde. Die menschenähnlichen Wesen des Mars haben 60 % der Marskräfte vernichtet; die letzten 40 % wurden von alleine zerstört. Mit der Erde sind wir jetzt so weit, daß etwa 30 % der Erdkräfte vernichtet sind. Wenn auf der Erde das gleiche Gesetz wie auf dem Mars herrscht, daß bei 60 % Zerstörung der Umschwung erfolgt, dann haben wir noch eine gewisse Zeit vor uns, die zerstörten Erdkräfte wieder zu regenerieren, ehe es zu einer globalen Vernichtung der Erde kommt.

Die Menschengruppe, mit der ich zusammenarbeite, ist für mich eine klare Antwort auf die Zerstörung der Erde: Wir heilen die Erde,

Landschaft in Lappland
Foto: Bernd Hansen

indem wir die Gifte dematerialisieren. Eine solche Heilung können aber nur diejenigen Menschen vornehmen, deren Bioenergiefeld 4 m groß ist und die alte Seelen sind, also sich schon in den beiden vorhergehenden Inkarnationen auf dem Pfad befunden haben. Sie können die Schwingungen bis auf 180 hochbringen. Zusätzlich müssen sie mit der Rute umgehen können. Sie müssen lernen, die Rute zu bewegen.

Wir stehen mit unseren Übungen zur Dematerialisierung allerdings erst ganz am Anfang. Es gibt aber einige erschütternde Beispiele, wo dies großen Erfolg gehabt hat. Ich hatte zwei Patienten mit Gehirntumor, die in ihrem Stadium so fortgeschritten waren, daß eine Operation nicht mehr möglich war. Bei beiden Patienten habe ich die Dematerialisierungsmethode in bezug auf die Gehirntumore angewandt, und bei beiden sind die Tumore vollständig verschwunden.

Ich kann noch von einem anderen Fall berichten, und zwar lebte eine Finnin in England, die an einem Lebertumor litt. Man wollte den Tumor in England nicht mehr herausschneiden, und so habe ich bei ihr meine Methode angewandt. Durch meine Dematerialisierungstherapie ist der Tumor dann vollständig verschwunden, so daß die Ärzte in ihrem Bericht geschrieben haben: „Ein großes Wunder ist geschehen!"

Therapierung von Politikern

W.W.: Auf welche Weise therapieren Sie Personen des Zeitgeschehens?

E. Jalkanen: Hier habe ich eine Graphik, die die Werte von Politikern zeigt. Dieser Strich hier ist die Nullebene. Saddam Hussein hat den Wert minus 18, d.h. ich benötige 18 Minuten, um ihn aus dem negativen Bereich in den positiven Bereich zu ziehen. Und es dauert weitere 14 Minuten, um ihn auf die Ebene des normalen gesunden Menschen hochzuziehen. Jelzin hat ganz ähnliche Minuswerte, sogar noch etwas schlimmere. Bei dem weißrussischen Präsidenten Lukaschenko ist es am schlimmsten: Er hat einen Wert von minus 20, ich benötige also 20 Minuten bis zur Nullebene und weitere 18 Minuten, bis er auf dem Stand des normalen gesunden Menschen ist. Ich habe auch die zehn nahestehendsten Helfer Saddam Husseins auf die positive Seite gezogen. Sie alle standen auf der Negativseite. Die nahestehendsten

Mitarbeiter von Jelzin und Lukaschenko sind ebenfalls alle auf der Negativseite. Arap Moi, der Präsident Kenias, hat den Wert minus 6.

Der ganze Nahe Osten, vor allem die palästinensischen und israelischen Gebiete sind heute bei plus 30, sofern der Friedensprozeß nicht wieder einen Rückschlag erhält. Netanjahu hat positive Werte, die fast so hoch wie bei einem normalen gesunden Menschen sind. Jassir Arafat war immer auf der positiven Seite, auch wenn ihn die ganze Welt oft als schlimmen Teufel angesehen hat.

In Finnland gibt es auch einige Menschen, die auf der schwarzen Seite stehen, aber dazu kann ich keine genaueren Angaben mehr machen. Denn wenn ich eine Wahrnehmung von einem Menschen gehabt bzw. seinen Zustand gemessen habe, dann ist es schwierig für mich, alles genau in der Erinnerung zu behalten, wenn ich es nicht sofort aufschreibe.

W.W.: Wie vollziehen Sie den Prozeß, einen Menschen von der negativen auf die positive Seite zu bringen, und wie wirkt ihre heilende Kraft auf den betreffenden Menschen, beispielsweise auf Saddam Hussein?

E. Jalkanen: Ich bemerke nur, daß die Wirkung bei Saddam Hussein ankommt. Wie die Änderungen sich vollziehen, verstehe ich selbst nicht.

W.W.: Und was tun Sie während dieses Prozesses? Stellen Sie sich dabei die betreffende Person konkret vor?

E. Jalkanen: Ich stelle mir die Person vor und spreche dann den Spruch: „Saddam, werde gesund, werde gesund, werde gesund ..." Und das mache ich 18 Minuten lang. Am Ende frage ich, ob die Skala über 1 ins Positive gestiegen ist. Und dann kommt die Antwort: „Ja."

W.W.: Wer gibt diese Antwort?

E. Jalkanen: Es ist keine konkrete Stimme, auch kein bestimmtes entsprechendes Wesen, sondern am ehesten ist es mit einer inneren Sicherheit zu vergleichen, die mir die Gewißheit gibt, daß der Heilungsprozeß erfolgreich verlaufen ist. Das ist ähnlich wie mit der Rute, die mir auch ein sicheres Wissen vermittelt. Es hat mir z.B. auch niemand die Größe der Bioenergiefelder der beiden Personen verraten, von denen wir vorhin im Zusammenhang mit der Fernheilung sprachen. Auch hat mir niemand verraten, daß an dem Arbeitsplatz des einen Menschen ein Böses Auge wohnt. Aber es war so, und ich habe davon Kenntnis erhalten. Ich weiß also nicht, woher dieses Wissen kommt, und das ist auch gut so. Meine Sicherheit liegt darin begründet, daß der Zugang zu diesem Wissen mich nie im Stich gelassen hat. Das ist mein Erfahrungswert. Auch die Ergebnisse sind nie falsch gewesen.

Schwingungen in der ätherischen Welt

– Esko Jalkanen legt Fotografien von Landschaften vor, in die seine hellsichtigen Freunde Naturgeister hineingezeichnet haben, und zwar so, wie sie diese sehen. Sie haben alle einen etwas kindlichen Charakter. –

W.W.: Schauen Sie die Naturgeister genauso wie auf diesen Zeichnungen?

E. Jalkanen: Die ätherische Welt ist so vielseitig, daß jeder Mensch die Naturgeister anders schaut. Auch ein und derselbe Mensch, der übersinnliche Wahrnehmungen hat, kann ein Wesen heute so und morgen ganz anders schauen.

W.W.: Wenn Sie durch eine Landschaft gehen, bemerken Sie dann bei einzelnen Biotopen – z.B. bei einem See, einem kleinen Wäldchen oder einer Felsenlandschaft – unterschiedliche ätherische Stimmungen bzw. Schwingungen?

E. Jalkanen: Im Wald ist heutzutage immer eine höhere Schwingung als auf den Feldern. Das liegt daran, daß die Felder chemisch gedüngt werden. Auch im Wald gibt es unterschiedliche Schwingungen und Stimmungen. Wenn man z.B. in die Nähe eines großen Baumes tritt, spürt man eine Art friedvolle Stimmung, die von dem Baum ausgeht. Wenn man die Schwingungen in der Nähe eines großen Baumes untersucht, wird man feststellen, daß dort sehr hohe Schwingungen vorhanden sind. Nach meiner Skala ist die Schwingung in einem normalen Wald 20, geht man aber in die Nähe von Quellen oder unterirdischen Bächen, steigt die Skala auf über 100. Auch auf Hügeln und in den Bergen sind die Schwingungen sehr hoch. Ledum palustre (= Suopursu, Sumpfporst), ein Sumpfgewächs, wächst immer dort, wo der Schwingungsgrad ein sehr hoher ist. Es ist in Finnland und Rußland lange Zeit eine sehr beliebte Medizinpflanze gewesen. Man hat sie z.B. in den Klassen auf den Fußboden geworfen, damit eine allgemein gesundende Stärkung auf die Schulkinder ausströmte. Auch Elias Lönnrot schreibt über die Wirkung dieser Sumpfpflanze.

Die Aufgaben der Naturgeister

W.W.: Wann sind die Naturgeister während der Weltentwicklung entstanden?

E. Jalkanen: Die Naturgeister sind etwa in derselben Zeit wie die Menschen entstanden. Die Naturgeister vollbringen solche Aufgaben, die die Menschen nicht leisten können. Aber sie wirken nicht nur in der Natur, sondern helfen auch bei großen menschlichen Leistungen, z.B. dem Bau der Pyramiden. Während der sogenannten lemurischen und atlantischen Wurzelrasse hat sich die Gestalt des Menschen immer weiter verfestigt. Etwa bis zur Hälfte der lemurischen Wurzelrasse war er im Grunde noch eine ätherische Gestalt. Danach nahm der Mensch zwar eine sichtbare Gestalt an, war aber noch sehr unwissend und wurde von höheren geistigen Mächten gelenkt. Und ich kann mir vorstellen, daß die Naturgeister ihrerseits auch von höheren Wesen gelenkt wurden und noch werden und daß sie vielleicht schon eine gewisse Zeit vor dem Menschen vorhanden waren, da sie ätherisch-astrale Gestalten sind. Karolus und die Weiße Bruderschaft sind Inspiratoren der Naturgeister, und ihr Wirkensfeld ist die ewige Therapie der Natur.

W.W.: Unterscheiden Sie auch verschiedene Naturgeistergruppen, wie z.B. Erd-, Wasser-, Luft- und Feuergeister?

E. Jalkanen: Ich verehre diese traditionelle Gliederung der Naturgeister in vier Gruppen, aber auf diesem Sektor bin ich kein Experte. Ich habe mit einzelnen Wesen zu tun, z.B. dem Luftgeist, der hier in der Nähe meines Hauses die Aufgabe hat, das örtliche meteorologische Geschehen zu harmonisieren. Mit diesem Luftgeist spreche ich ab und zu. Ich bin nur ein Fachmann für die örtlichen Naturgeister, nicht für die Naturgeister schlechthin. Deswegen kann ich keine allgemeinen grundlegenden Informationen über sie geben.

Vor einiger Zeit war ich mit Tapio Kaitaharju (siehe auch das Interview mit ihm in FLENSBURGER HEFTE 55: „Naturgeister. Vom Wirken der Elementarwesen", S.111 ff.) und einigen Reportern vom Fernsehen in einem Sumpfgebiet. Es war November, die Wolken hingen tief, und es war sehr dunkel. Der Kameramann hatte nicht genug Licht zum Filmen. Ich habe dann Kaitaharju gebeten, da er einen intensiveren Kontakt zu den Luftwesen hat, daß er sie fragen möge, ob sie für mehr

Licht sorgen könnten. Kaitaharju sprach daraufhin mit den Luftgeistern, aber sie teilten ihm mit, daß die Umweltschäden so gravierend seien, daß sie nur sehr wenig Einfluß auf das Geschehen vor Ort nehmen könnten. Die Luftgeister fragten sogar Kaitaharju zurück, ob er nicht etwas mit seinen Fähigkeiten bewirken könne. Kaitaharju versuchte es, und nach einiger Zeit verschwanden die Wolken. Dann konnte wieder gefilmt werden.

W.W.: Können Sie etwas über die Aufgaben der Naturgeister in der Natur sagen?

E. Jalkanen: Die Hauptaufgabe der Naturgeister allüberall in der Welt ist das Unterstützen und Schützen des Pflanzenwachstums, und sie behüten und schützen auch die Tiere, damit diese leben können. Ich habe mich auch in Gegenden umgeschaut, in denen von den Naturgegebenheiten her eigentlich kein Getreide wachsen kann – in Gegenden der Anden und auch in manchen Gebieten Indiens –, aber durch das Wirken verschiedener Naturgeister ist es möglich geworden, daß die Menschen auch dort Getreide angebaut haben. Daß auf solchen steinigen Flächen überhaupt Getreide wächst, ist nur dadurch zu erklären, daß die Naturgeister fortwährend tätig sind.

Dort, wo man zu stark chemisch düngt, fällt der Schwingungsgrad, und die Naturgeister verschwinden. Auf meiner Reise durch Indien habe ich aber gesehen, daß ein bißchen chemischer Dünger von der Erde getragen wird, ohne daß die Schwingungszahl absinkt. Aber die Erde braucht die Unterstützung des Menschen, sie darf nicht sich selbst überlassen werden.

Der Feuergeist in der Lampe

W.W.: Können Sie etwas über die unterschiedlichen Naturgeister erzählen, z.B. über Feuergeister und ihre Aufgaben?

E. Jalkanen: Ein Feuergeist ist z.B. immer dort, wo es brennt. Ich erinnere mich an meine Kindheit, als bei uns in der Küche eine Öllampe brannte. Es war eine ziemlich große Öllampe aus Glas, das im unteren Bereich zu einem Ball geformt war. Ich kann mich noch genau erinnern, wie ich mit einem Male ein kleines Wesen in der Öllampe erblickte, das sich in diesem Ball herumdrehte. Fast sah es aus wie eine

Esko Jalkanen
Foto: Jussi Tuuri

Zigarre, die vorne einen Propeller hatte. Ich sah es nicht jeden Tag, aber doch des öfteren. Meine Eltern schauten auch dieses Wesen, konnten mir aber nicht genau erklären, was das ist. Erst nachträglich habe ich verstanden, daß mir damals ein Feuergeist ein Zeichen gegeben hatte.

Ich muß jetzt in diesem Moment meine Rute zu Hilfe nehmen, um zu erfahren, welche Aufgaben die Feuergeister haben. Allein aus mir heraus kann ich dazu nichts sagen.

– Esko Jalkanen nimmt die Rute zur Hand und fährt fort:

Die Feuergeister haben eine beschützende Aufgabe. Wenn z.B. irgendwo eine vernichtende Feuersbrunst ausbricht, haben sie die Aufgabe, dagegen anzukämpfen. Wird aber ein Feuer in geregelten Bahnen gelegt, z.B. beim Abbrennen eines Waldstückes oder eines Feldes, dann sorgen die Feuerwesen dafür, daß es nicht seine vorbestimmten Grenzen überspringt. Im Grunde sind diese Feuerwesen gute Diener. Wenn es um größere Flächen geht, sind auch noch übergeordnete Wesen daran beteiligt.

W.W.: Gibt es weitere Erlebnisse, die Sie mit Feuerwesen gehabt haben?

E. Jalkanen: Früher, als noch mit Holzsplit geheizt wurde, hatte ich insgesamt drei Brände in meinem Gewächshaus. Einer dieser Brände näherte sich auch der Stelle, an der sich die elektrische Anlage des Gewächshauses befand. Und da habe ich gebeten, daß alle unsichtbaren Kräfte, die mit dem Feuer zu tun haben, verhindern mögen, daß dieser Bereich vom Feuer erfaßt werde. Und so geschah es tatsächlich, daß ringsherum fast alles abbrannte, aber nicht diese Stelle der Wand mit den elektrischen Anlagen. Anschließend habe ich mich bei den Naturgeistern für ihr Bemühen bedankt.

Am selben Tag hat Kaitaharju angerufen und mir gesagt, daß ich bei mir einen Brand gehabt hätte und daß einer seiner Naturgeister mir geholfen habe. Dabei ist dieses Naturwesen sogar zu Schaden gekommen, und Kaitaharju mußte es wieder heilen. – Wie man an dieser Schilderung sieht, habe ich zwar Kontakt zu Feuergeistern, aber keine sehr intensive Beziehung zu ihnen.

W.W.: Welche Aufgaben haben Naturgeister im Wettergeschehen, z.B. die im Sturm wirken?

E. Jalkanen: Es ist eine Frage des Könnens. Die verschiedenen Naturgeister haben unterschiedliche Fähigkeiten. Die Luftgeister haben andere Fähigkeiten als die Feuergeister und dementsprechend auch andere Aufgaben in der Natur. Luftgeister haben z.B. die Aufgabe, besänftigend auf einen Sturm zu wirken, so daß ein Sturm nicht über die Maßen toben kann. Sie halten den Sturm in Grenzen. Deswegen ist es eine interessante Frage, ob die weltweit immer stärker auftretenden Stürme damit zusammenhängen, daß die Menschen die Natur immer weiter schädigen und die Naturgeister vertreiben, so daß sie nicht mehr mäßigend auf die Stürme einwirken können.

W.W.: Haben Sie in dieser Richtung irgendwelche Beobachtungen?

E. Jalkanen: Man liest fast täglich in den Zeitungen von irgendwelchen Naturkatastrophen. Und das sind alles Ereignisse, bei denen die Naturgeister nicht mehr in der Lage sind, schützend oder mäßigend einzugreifen. Auf der anderen Seite muß man aber auch sehen, daß z.B. die Stürme eine Reaktion der Mutter Erde sind, mit der sie ihren Schwingungsgrad wieder erhöhen kann. Insofern ist das ein zweischneidiges Schwert. Ich beobachte seit einiger Zeit, daß Finnland von den weltweit immer häufiger werdenden Naturkatastrophen weitgehend verschont bleibt. Selbst im Nachbarland Schweden gibt es oft Schneekatastrophen größeren Ausmaßes, von denen Finnland bisher verschont worden ist. Es ist ein Phänomen, daß Finnland nicht von diesen Katastrophen heimgesucht wird. Auch in Norwegen und auf der Kola-Halbinsel sind in diesem Winter ungeheure Schneemassen heruntergekommen; nur Finnland blieb verschont.

Die Erlösung von Naturgeistern

W.W.: Rudolf Steiner spricht davon, daß beim Verdichtungsprozeß der Erde Elementargeister mitgewirkt haben und daß sie in der sich verdichtenden Materie gefangen worden sind. Seitdem haben sie die Sehnsucht, aus dieser Fesselung erlöst zu werden, was durch die Aktivität des Menschen – durch sein Interesse für die Natur – gelingen kann. – Sie sprachen bisher von Luft- und Feuergeistern und von ganz konkreten Naturgeistern, mit denen Sie in Kontakt stehen. Haben Sie auch Wahrnehmungen von dieser Vielzahl von Naturgeistern, die in die Materie gefesselt sind?

E. Jalkanen: Ich höre das zum ersten Mal, aber ich werde es gleich anschauen und prüfen.

– Esko Jalkanen greift zu seiner Wünschelrute und besinnt sich kurz. –

Ich schaue einen der größten Steinbrüche auf der russischen Seite, in Kostamus. Dort wird Eisenerz gewonnen. Der Kommunismus hat leider sehr viel von der Schwingungskraft der Erde genommen, so daß sie stark gesunken ist. Wenn man die Gegend von Kostamus mit der Umgebung vergleicht, so ist die Schwingungskraft im Steinbruch um 12 Grad höher. Ich habe mit meiner Rute gefragt, ob diese höhere Schwingungskraft damit zusammenhängt, daß dort Erz abgebaut worden ist und dadurch Naturgeister erlöst worden sind. Die Rute hat mir das bestätigt. Es entsteht dort neue Lebenskraft durch die Freude der Naturgeister, die erlöst werden.

W.W.: Vollzieht sich diese Erlösung von Elementarwesen auch, wenn man z.B. am Wegrand einen Stein zermörsert?

E. Jalkanen: Nein, das ist etwas anderes. Das sind Steine, die schon seit längerem an der Luft liegen. Eine Erlösung von Naturgeistern, die z.B. in den Erzen gebunden sind, geschieht nur in einem Steinbruch oder in einem Bergwerk. Die Steine müssen aus dem Grundfelsen herausgehauen werden.

W.W.: Steiner spricht auch darüber, daß in der gesamten Natur Elementarwesen vorhanden sind, also auch z.B. in den Bäumen und Blumen. Er äußert sich darüber hinaus dazu, daß diese Elementarwesen in den Menschen hineinschlüpfen, wenn ein Mensch z.B. einen Baum betrachtet. Sie bleiben dann bis zum Tod im Menschen und werden dann erlöst oder auch nicht. Erlöst werden sie, wenn der Mensch beim Betrachtungsprozeß der Natur diese mit Liebe oder Interesse angeschaut hat; nicht erlöst werden sie dann, wenn der Mensch die Natur lediglich uninteressiert angeglotzt hat. Können Sie auch etwas über diesen Prozeß sagen?

E. Jalkanen: Steiner hat die Geistigkeit der Natur anders erklärt, als ich dies tue; z.B. hat er niemals von Bioenergiefeldern gesprochen. Jeder Mensch, der sich z.B. gegenüber einem Baum als Freund fühlt, kann von diesem Baum Kräfte erbitten. Jeder Mensch kann zu einem Baum gehen und diesen umarmen und ihn bitten, ihm selbst zu helfen. Ein Baum hat in etwa ein Bioenergiefeld von 20 m um sich. Wenn ein Mensch um die Hilfe des Baumes bittet, geht das Bioenergiefeld allmählich in den Menschen hinein, bis der Baum nur noch ein Bioenergiefeld von 5 m um sich hat. Der Mensch wird also mit Lebenskraft aufgetankt. Man sieht, daß bei einem solchen Menschen sein eigenes Bioenergiefeld um 2–3 cm wächst. Der Baum hat aber die Fähigkeit, sein Bioenergiefeld innerhalb von einer Stunde wieder auf 20 m zu vergrößern.

Ansonsten kann ich dazu, was Rudolf Steiner über das Hineinschlüpfen der Naturgeister in den Menschen dargestellt hat, nichts weiter sagen. Vielleicht stimmt es, vielleicht aber auch nicht. Dazu habe ich keine Wahrnehmungen. Es muß nicht alles richtig sein, was Steiner gesagt hat, obwohl sicherlich das meiste stimmt. Allerdings weiß ich vom biologisch-dynamischen Landbau, daß dabei auch Fehler gemacht worden sind.

Der Gedanke, daß Elementarwesen in Menschen hineinschlüpfen und in ihm leben, ist mir momentan noch fremd. Ich weiß aber von Menschen, die zehn Humanoiden in sich haben und die nur weiterleben können, wenn sie die Bioenergiefelder anderer Menschen anzapfen.

Furchtsame Menschen haben auch oft Angst vor Menschen, die solche Humanoiden in sich tragen.

Die Tochter des Windes

W.W.: Sie sprachen von einem Luftgeist, der hier ganz in der Nähe Ihres Hauses wirkt. Könnten Sie die Gestalt dieses Luftgeistes beschreiben?

E. Jalkanen: Der Luftgeist heißt „Tochter des Windes“. Die Gestalt ist sehr wechselhaft und ganz anders als die der Schutzgeister. Die Gestalt eines Naturgeistes ist abhängig von der Aufgabe, die er hat. Das Aufgabenfeld dieses Luftgeistes ist die Harmonisierung der Wetterverhältnisse. Dieser Luftgeist braucht für seine Gestalt und für sein Wirken einen gewissen Kraftumkreis, der um die alten Bäume auf diesem Grundstück vorhanden ist. Die „Tochter des Windes“ braucht mehrere dieser alten Bäume, die in einem Umkreis von 1,5 km stehen. Aus diesem Umkreis saugt sie Kräfte, um ihre Gestalt zusammenzuhalten.

Luftgeister existieren u.a. durch die Kraft dieser alten Bäume, und deshalb ist es besonders schlimm, daß man in Finnland sehr viele der alten Bäume abgeholzt hat. Merkwürdigerweise brauchen die Luftgeister für ihre Existenz Nadelbäume, keine Laubbäume. Besonders geeignet sind Fichten und Tannen. Solche alten Nadelbäume stehen in Finnland manchmal noch am Ufer von Seen.

Ein Mensch, der von diesen Zusammenhängen ein Bewußtsein hat, kann einen Baum benennen, der normalerweise kein Kraftzentrum für die Luftgeister ist. So ein Baum wird dann zu einem Wetterbaum, und es entsteht eine Beziehung zwischen ihm und den Luftgeistern. Ein Mensch, der ein Stückweit den okkulten Pfad gegangen ist und der ein geistiges Feld um sich entwickelt hat, hat das Recht, einen Wetterbaum zu benennen. Dazu muß er folgenden Satz sprechen: „Ich bitte darum, dich zum Wetterbaum zu ernennen.“

W.W.: Wie unterscheidet sich die Gestalt eines Baumgeistes von der eines Luftgeistes?

E. Jalkanen: Der Luftgeist hat eine menschenähnliche Gestalt und eine Größe – wenn man es überhaupt in irdischen Maßen ausdrücken kann – von etwa 150 m Länge. An seinem Kopf bewegt sich etwas, was wie Haare aussieht, die sich im Wind bewegen; aber natürlich ist das alles nicht physisch-materiell. Ich kann diesen Luftgeist immer fragen, wie in den kommenden Tagen das Wetter werden wird. Weihnachten habe ich die „Tochter des Windes" gefragt, wie das Wetter in diesem Winter werden wird, und sie hat mir geantwortet, daß es nur eine Kältephase von –30° C in diesem Winter geben wird.

Dolmetscher zwischen Jenseits und Diesseits

W.W.: Wie kommunizieren Sie mit diesem Luftgeist? Ist das ein rein innerer Gedankenaustausch?

E. Jalkanen: Laut spreche ich nicht. Es ist ein innerer Prozeß. Das Gespräch mit den Naturgeistern ist ein ganz anderes als zwischen Menschen. Die menschliche Sprache auf Erden basiert auf einem Zeitstrom, das Gespräch mit Naturgeistern hat etwas Räumliches, es ist wie ein Blitzen. Wenn wir hier im Diesseits einen Satz aussprechen, wird er im Jenseits von einem räumlichen Blitzen begleitet. Und wenn aus der geistigen Welt ein räumliches Blitzen hervorbricht, muß dies auf Erden in menschliche Worte übersetzt, also in den Zeitstrom integriert werden. Ich fühle mich wie ein Dolmetscher zwischen der jenseitigen und der diesseitigen Welt. Was die Naturgeister sagen, verstehe ich als Sätze, obwohl ich weiß, daß es nur Blitze sind. Und was ich ihnen sage, wird dort als ein Blitzen verstanden, obwohl es nur ein irdischer Satz ist. Und diese Übersetzung ist unabhängig von den Sprachen. Wenn ich in Indien bin, kann ich den indischen Naturgeistern einen finnischen Satz sagen, und sie verstehen es.

Früher, als der Mensch noch ein ätherisches Wesen war, also noch nicht einen so festen physischen Leib hatte, gab es auch noch nicht die vielen Sprachen, und die Menschen verstanden sich seelisch-geistig. Wenn wir in den nächsten Jahrhunderten bzw. Jahrtausenden mehr und mehr ein höheres Bewußtsein entwickeln, werden sich die Menschen wieder auf diese Weise verständigen können.

Zu der Erkenntnis, daß die menschliche Sprache und die irdischen Begriffe in diese blitzartigen Geistfiguren übersetzt werden müssen bzw. umgekehrt, kam ich während eines Seminars, das ich im Mai am Inarisee gehalten habe. Zu dieser Zeit waren dort die Bäche noch zugefroren.

An einem Fluß gab es aber eine offene Stelle. Ich stand gerade dort in der Nähe, als zwei Schwäne herangeflogen kamen, um auf dem Wasser der offenen Stelle zu landen. Kurz vor ihrer Landung schwangen sie sich aber noch einmal empor. Und währenddessen hörte ich eine innere Stimme, die mir sagte: „Da gibt es Menschen, die suchen offene Stellen." Durch die Worte dieser inneren Stimme kam ich zu der Erkenntnis, wie menschliche Begriffe in übersinnliche Wahrnehmungen und übersinnliche Wahrnehmungen in die Begriffswelt übersetzt werden müssen.

W.W.: Woher kam diese Stimme?

E. Jalkanen: Aus der ätherischen Welt. Eigentlich sind die ätherische Welt und die geistige Welt für den Menschen ganz offen, aber die Menschen sind heutzutage viel zu abgelenkt, um entsprechende Wahrnehmungen machen zu können.

Freundschaft mit den Naturgeistern

W.W.: Auf welche Weise kann sich eine Freundschaft zwischen Menschen und Naturgeistern entwickeln, und wie können Menschen Naturgeistern helfen?

E. Jalkanen: Es ist ganz einfach, mit Naturgeistern Freundschaft zu schließen. Man muß diese Freundschaft ehrlich wollen, und das merken die Naturgeister sofort. Eventuell schenken die Naturgeister einem sofort Vertrauen, und auf dieses Vertrauen der Naturgeister kann man bauen. Im Grunde sind die Naturgeister ausgesprochen willig, mit den Menschen Freundschaft zu schließen. Und diese Freundschaft kann durch einen regen Kontakt mit den Naturgeistern ständig wachsen.

Im Laufe der Zeit habe ich mit verschiedenen Naturgeistern, die um mein Haus herum wohnen, Freundschaft geschlossen. Am Weg zum Ufer des Sees, hier ganz in der Nähe, wohnt z.B. ein Naturgeist, eine sehr alte, etwas dickliche Dame, die sich mit langsamen Schritten fortbewegt. Alle Naturgeister haben Aufgaben, die zu dem Milieu dieser Gegend gehören. Bisher ist es mir noch nicht gelungen, ihnen weitere Aufgaben von mir aus zu geben. Aber immer dann, wenn ein Mensch den Impuls faßt, auf die Naturgeister zuzugehen, werden sie ihm antworten. Ein wichtiges Detail dieser Freundschaft ist z.B., daß man sich

Aallokkokoski in Südwestlappland
Foto: Bernd Hansen

immer dann, wenn man von zu Hause weggeht, von den Naturgeistern verabschiedet. Man kann sie bitten, während der Abwesenheit das Haus gut zu bewachen, und man wird sie dann wieder begrüßen, wenn man zurückkommt.

W.W.: Sie stellen mit Hilfe der Rute eine Frage und erhalten mit großer Sicherheit die Antwort Ja oder Nein. Nun kann man aber auch etwas Differenzierteres fragen, wie z.B. nach dem Aussehen eines Naturgeistes. Jeder Mensch hat eigene Vorstellungen von Naturgeistern, z.B. aus Märchen, Sagen oder anderer Literatur. Wenn Sie beispielsweise nach dem Aussehen eines Naturgeistes fragen, fragen sie dann nur, ob dieses Aussehen mit Ihren eigenen Vorstellungen übereinstimmt, also daß Ihnen Ja oder Nein geantwortet werden kann, oder erhalten Sie ganz überraschende und differenziertere Mitteilungen?

E. Jalkanen: Geschichten, die ich erzähle, z.B. von den drei Tontus in der Scheune, kommen mir mit einem Mal. Ich fahre z.B. im Auto, und plötzlich weiß ich, daß in der betreffenden Scheune drei Tontus sind. Wenn man dann fragt, wie diese Tontus aussehen, kann ich z.B. aus dem Moment heraus sagen, daß der größte 70 cm groß ist. Und diese Aussagen kann ich treffen, ohne genau die Gesichter der Tontus zu sehen. Ich schaue nicht ihre Gesichtszüge, weiß aber um ihre Anwesenheit.

Es gibt auch viele Zeichnungen von Naturgeistern in Büchern, die mit dem, was ich von den Naturgeistern schaue, ungefähr übereinstimmen. Förderlich ist es auch, wenn man seit der Kindheit mit den Naturgeistern umgeht, denn dann bekommt man als Erwachsener immer mehr Sicherheit im Umgang mit ihnen. Besonders Kinder können in ihren ersten Lebensjahren die Naturgeister um sich herum sehen.

Um die Kinder herum halten sich auch kleinere engelhafte Wesen auf, die aus der Gedankenwelt der Mutter entstanden sind. Das sind naturgeistähnliche Gedankenwesen. Und diese drei Gruppen – Kinder, Naturgeister und engelartige Wesen – spielen miteinander. Und dann kommen meist die Eltern und teilen den Kindern mit, daß man nicht über diese übersinnlichen Wesen sprechen solle. Dadurch wird die Beziehung der Kinder zu diesen Wesen abgeschnitten.

W.W.: Was haben Ihnen die Naturgeister in bezug auf das Heilen von Krankheiten mitgeteilt?

E. Jalkanen: Einen Teil dieses Wissens verwende ich in meinen Kursen, und zwar wie die Naturgeister im Heilungsprozeß wirksam sind. Die langfristigen und schweren Krankheiten, wie z.B. Tuberkulose und Krebs, beginnen immer im Ätherischen. Auf die Grippe trifft dies nicht zu. Die Naturgeister befinden sich in derselben ätherischen Welt wie die Krankheitsbilder der schweren Krankheiten, und deshalb haben sie Einblick in die Krankheitsprozesse. So wie wir mit physischen Augen den Krebs im physischen Leib feststellen können, sehen die Naturgeister mit ihren Wahrnehmungsorganen die Entstehungsprozesse des Karzinoms im Ätherleib.

Es gibt unter den Naturgeistern auch solche, die gesundende und pflegerische Aufgaben im ätherischen Bereich übernommen haben. Ich selbst brauche nicht die Hilfe der Naturgeister, um festzustellen, ob sich im Ätherleib eine Krankheit anbahnt. Es gibt aber viele Naturheiler, die mit den Naturgeistern kommunizieren, die ihnen dabei helfen, die entsprechenden Naturstoffe gegen die jeweilige Krankheit zu finden. Diese Auswahl und das Auffinden der Heilkräuter ist die Aufgabe der Naturgeister bei der Heilung von Krankheiten.

Ich kann Ihnen ein Beispiel geben. 7–8 km östlich von hier lebt ein Mann in einem kleinen Häuschen. Vor einiger Zeit begann er, Heilkräuter zu sammeln. Bereits in seiner Jugend hatte dieser Mann die Aufgabe eines Hirten auf einem großen Gutshof. Der Besitzer dieses Gutshofes war Arzt. Der Arzt wunderte sich besonders über das gute Gedächtnis des Jungen, denn alles, was man auf seine Fragen antwortete, konnte er sofort behalten. Der Arzt hat ihm z.B. die anatomischen und lateinischen Namen sämtlicher Knochen beigebracht, und der Junge lernte alles sofort. Viele Sommer hat er Schafe dieses Gutsherrn gehütet, und jeden Winter kehrte er in seine eigene einsame Waldhütte zurück. Während dieser Jahre hat er sehr viele Heilpflanzen gesammelt. Oft war er bei Vollmond unterwegs, um Pflanzen zu suchen oder Pflanzensäfte zu präparieren, so daß einige Nachbarn schon glaubten, er sei irgendein Magier oder Hexer. In späteren Jahren wurde dieser Junge ein Heiler und bekam auch viele Patienten, besonders weil er so gut über Knochenbrüche Bescheid wußte. Er wurde Chiropraktiker und konnte alle Gelenke sofort wieder einrenken. Später bekam er sogar von den Behörden die Erlaubnis, Rezepte auszustellen. Für einen Arzt ohne Studium und Zulassung ist das in Finnland etwas ganz Besonderes. Der Arzt auf dem Gutshof lehrte ihn eine medizinische Grundlage, aber sein gesamtes zusätzliches Wissen hat der ehemalige Hirte von den Naturgeistern erfahren. – Meine Rute sagt mir gerade, daß dies stimmt.

Heilungen per Telefon

W.W.: Sie werden fast täglich von verschiedenen Menschen angerufen, die einen Rat für ihre jeweilige Krankheit von Ihnen haben möchten. Wie stellt sich Ihnen während des Gesprächs der Mensch und seine Krankheit vor ihr geistiges Auge, und wie ermitteln Sie das jeweilige Heilmittel?

E. Jalkanen: Wenn das Telefon klingelt, sage ich: „Jalkanen." Der Anrufer sagt dann zwar seinen Namen, aber auf den Namen höre ich überhaupt nicht. Zum einen deswegen, weil ich sehr schlecht höre, zum anderen, weil die Menschen oft sehr schüchtern sind und mitunter auch ihren Namen verschweigen. Wenn jemand anruft, beginne ich sofort zu zählen. Auf diese Weise kann ich die Bioenergie des Anrufers feststellen. Wenn das Zählen bei 3 stoppt, dann weiß ich, daß der Anrufer auf einer Gesundheitsskala von 1–10 bei 3 steht. In einem solchen Fall ist der Mensch burned out. Danach frage ich, welche Leiden der Anrufer hat. Wenn er ausgebrannt ist, hat er bestimmt eine Fülle von Leiden. Dann frage ich danach, was der Arzt gesagt hat. Anschließend kontrolliere ich, ob der Mensch böse Geister um sich hat. Solche bösen Geister können z.B. auch das Ausgebranntsein bewirken. In so einem Fall ist das Ausgebranntsein von außen bewirkt, und wenn man diese Dämonen ausschaltet, steigen die gesundenden Kräfte des Menschen sofort wieder an.

Wenn böse Geister vorhanden sind, frage ich den Anrufer danach, wo er wohnt, wo er arbeitet und wo er sich sonst noch oft aufhält, denn diese bösen Geister können an einem bestimmten Ort, hervorgerufen durch andere Menschen, die Krankheit des Anrufers bewirkt haben. Ich frage dann z.B. auch, ob der Anrufer ein Sommerhäuschen hat, was die Menschen meist etwas ärgerlich macht, weil sie mittlerweile denken, daß ich sie verhöre, so als wäre ich vom Finanzamt. Oft ist es nämlich so, daß der böse Blick – also die Dämonen – in diesem Sommerhäuschen vorherrscht. Wenn wir so weit gekommen sind, dann verzeiht der

Anrufer meist doch mein intensives Nachfragen. Wenn der böse Blick im Sommerhaus ist, in dem der Mensch regelmäßig verkehrt, hat es wenig Sinn, ihn zu heilen, weil er beim nächsten Aufenthalt in diesem Haus wieder erkranken wird. Wenn ich dann festgestellt habe, daß die Ursache des Ausgebranntseins z.B. ein böser Blick ist, dann erneuere ich in diesem Moment die Kräfte des Anrufers. Problematisch wird es dann, wenn ich keinen bösen Blick finde, denn dann ist die Krankheitsursache meist ein Mensch im Umkreis des Anrufers. So ein anderer Mensch kann kräftesaugend wirken, obwohl er oft davon gar nichts weiß.

W.W.: Was genau meinen Sie mit dem bösen Blick?

E. Jalkanen: Der böse Blick entsteht durch den Haß, aber auch durch Neid oder Eifersucht anderer Menschen und manifestiert sich an einem Ort, an dem er krankmachend wirkt. Auslöser sind die durch den Haß entstandenen Dämonen.

Man kann einen Menschen zwar mit meiner Methode heilen, aber ich weiß natürlich nicht, wo in der Welt er sich anschließend aufhalten wird bzw. welche bösen Blicke er in Zukunft an den verschiedensten Orten ernten wird. – Normalerweise sage ich den Anrufern – entsprechend der schon erwähnten Skala von 1–10 –, wie es um ihre Gesundheit steht. Es kann z.B. bei einem Menschen folgendes Bild entstehen: Dickdarm – 1, Dünndarm – 1. In so einem Fall zeigt sich mir z.B. im Bereich des Nackens oder der Schultern eine Entzündung. Wenn ich mein Ergebnis dem Anrufer mitteile, antwortet er mir meist total erstaunt: „Woher wissen Sie das?" Daraufhin kann ich immer nur antworten, daß mein Wissen von irgendwo herkomme.

Wenn z.B. jemand lange Zeit Kopfschmerzen hat, kann der Grund der sein, daß das Blut im Gehirn nicht richtig fließen kann und daß der Sauerstoffmangel im Gehirn die Schmerzen erzeugt. In so einem Fall benutze ich meine Dematerialisierungsmethode und bitte, daß die Verstopfung oder Verengung der Blutgefäße verschwindet. Durch den von mir immer wieder wiederholten Satz „Werde gesund, werde gesund ..." beginnt langsam der Gesundungsprozeß einzusetzen. Außerdem nehme ich meine Rute zur Hilfe und gebrauche die Skala von 1–10. Wenn der betreffende Patient auf der Skala lediglich bei 1 liegt, muß ich den Heilungsprozeß durch die fortwährende Wiederholung des Satzes „Werde gesund" so lange fortführen, bis die 10 auf der Skala erreicht ist.

W.W.: Wiederholen Sie diesen Satz, während der Anrufer noch am Telefon ist, oder beginnt der Heilungsprozeß anschließend?

E. Jalkanen: Alles geschieht, während der Mensch am Telefon ist. Und ich entlasse den Anrufer nicht, bevor der Prozeß beendet ist.

Beispiel einer Heilung

– Es wird nach einer Frau gefragt, die an Brustkrebs erkrankt ist. Esko Jalkanen beginnt, sie zu heilen. –

E. Jalkanen: Ich bitte um den Schutz für diese Person. Ich bitte darum, daß das ganze Universum mit allen geistigen Wesen dieser Bitte um Schutz innewohne. Ich bitte um die Erlaubnis, sie zu therapieren.

– Es entsteht eine Pause. –

Jetzt verbinde ich die von mir vermittelten Kräfte mit den Kräften des Christus. Ich bitte um den Segen für sie. Ich bitte um den Segen für ihr Haus, ich bitte um den Segen für ihren Arbeitsplatz.

– Esko Jalkanen spricht 20mal den Satz „Werde gesund" aus. –

Ich bitte 25mal um ein Gedankenwesen, das ihre Gedanken reinigt. Wenn die Therapie der Gedankenreinigung vorbei ist, kann man den Satz „Werde gesund" noch mehrmals wiederholen. Während dieser zweiten Phase höre ich dann eine Stimme, die ausspricht: „Jetzt reicht es."

Diesen ganzen Prozeß kann man auch für viele Menschen gleichzeitig durchführen. Man muß lediglich die Bitte um Gesundung in den Plural setzen. Wenn man eine größere Region, z.B. ein Land oder gar die ganze Erde, heilen will, verbindet man sich mit der kosmischen Vernunft und den Christus-Kräften.

W.W.: Welche Worte sprechen Sie, um ein ganzes Land oder die Erde zu therapieren, und in welchen Ländern vollziehen Sie Ihre Heilung?

E. Jalkanen: Ich bete um Schutz mit Hilfe der Kraft der kosmischen Vernunft und den Kräften des Christus. Ich bitte um die Erlaubnis, die Welt zu therapieren. Diese Bitten wiederhole ich noch vier weitere Male. Genauso bitte ich um die Erlaubnis, das Gebiet des Aralsees zu therapieren. Dann bitte ich um die Erlaubnis, Bosnien, Tschetschenien, Ostkarelien und das Gebiet der Kola-Halbinsel zu therapieren. Früher therapierte ich auch noch St. Petersburg, aber ich habe geistig den

Hinweis bekommen, daß ich die alten Gebiete der Kalevala besonders behandeln solle. Das ist doch berührend!

Mit den gleichen Kräften bitte ich, das Gebiet von Palästina zu therapieren, und wiederhole dies vier weitere Male. Dann bitte ich um die Therapie des Libanon und wiederhole auch dies vier weitere Male. Entsprechend vollziehe ich es dann mit Syrien, Jordanien, Ägypten, Irak, Iran, dann das schicksalbedrängte Afghanistan. Afghanistan ist durch die radikal-islamische Taliban-Miliz geistig und kulturell so zerstört, daß ich meine Bitte für dieses Gebiet zehnmal wiederhole.

Ich fahre dann mit meiner Therapie fort, indem ich um heilende Kräfte für Pakistan bitte, und wiederhole dies vier weitere Male. Dann bringe ich meine Bitte fünfmal für Indien und zehnmal für Bangladesh vor, denn in letzterem Land herrscht ungeheures Elend. Anschließend bitte ich zehnmal für die Nachfahren des Maya-Volkes in Mexiko. Und dann bitte ich noch für verschiedene kosmische Bereiche, z.B. die Jupitermonde und den Mars.

W.W.: Und diese Bitten vollziehen Sie täglich?

E. Jalkanen: Ja, zusammen mit anderen Menschen, die es genauso zu Hause bei sich machen.

W.W.: Warum bitten Sie gerade für die genannten Länder und nicht für andere, oder wechseln Sie auch von Zeit zu Zeit die Länder?

E. Jalkanen: Die Länder können natürlich wechseln, je nachdem, wo die Not am größten ist. In unseren Kursen haben wir auch sehr viele andere Länder angeschaut. Als es z.B. anstand, auch St. Petersburg zu therapieren, kam – wie gesagt – eine Verneinung. Man solle dies zur Zeit nicht tun. Vielleicht ist die jenseitige Meinung ähnlich wie die der Finnen gegen die Russen? Im Krieg war ich in der Nähe der Isis-Kirche in Leningrad. Ich konnte immer ihre Türme sehen, aber unsere Kanonen reichten nicht bis dorthin. Jahrzehnte später habe ich die Isis-Kirche in St. Petersburg besucht und dem Wächter gesagt, daß wir uns heute hier nicht mehr treffen würden, wenn meine Kanone bis hierher gereicht hätte.

„Die Person ist mir sofort gegenwärtig“

W.W.: Ich komme noch einmal auf die persönliche Heilung zurück. Vorhin wurde außer der direkt betroffenen Person eine zweite Person genannt, die Sie dann geheilt haben. Sehen Sie, wenn eine zweite Person genannt wird, diese genauso real vor sich, wie Sie jemanden vor sich sehen, der bei Ihnen persönlich anruft?

E. Jalkanen: Ich bemerke dabei keinen Unterschied. Ich kann jemanden auffordern, einen anderen Menschen lediglich zu denken. Und wenn dieser den anderen Menschen denkt, ist er für mich sofort gegenwärtig.

W.W.: Das können wir gleich einmal testen. Ich denke jetzt konkret an eine Person, die ziemlich ausgebrannt ist.

E. Jalkanen: Ich verstehe Ihre Gedanken sofort. Sie ist ausgebrannt. Ihr Bioenergiefeld ist heute 82 cm. Ich untersuche jetzt ihre Krankheitszahl.

– Esko Jalkanen beginnt langsam zu zählen. –

Sie steht auf der Gesundheitsskala bei 10, sie ist also nur erschöpft, aber ansonsten ganz in Ordnung.

W.W.: Welche Menschen rufen bei Ihnen an? Rufen z.B. auch Alkoholsüchtige an?

E. Jalkanen: Jeder Mensch kann um ein von mir so genanntes Gegengedankenwesen für einen anderen Menschen bitten. Wenn dieses Wesen sich mit dem Menschen verbindet, tropfen die negativen Gedanken und Eigenschaften des Menschen langsam hinweg, und gute Gedanken und Eigenschaften strömen in den Menschen hinein. Man kann auch bei einer Ehekrise um Gegengedankenwesen bitten, allerdings nicht für den Fortbestand der Ehe, sondern um jeweils eines für die beiden Ehepartner. Das geht auch für die meisten Krankheiten, auch für Alkohol- und Rauschgiftsüchtige. Man kann diese Gegengedankenwesen überall da einsetzen, wo der Mensch eine Art von Besänftigung braucht.

Mich hat z.B. einmal eine alleinstehende Mutter angerufen, die behauptete, daß sie nichts dafür könne, rauschgiftsüchtig zu sein. Diese Frau war auch völlig ausgebrannt. Ich habe dann mehrfach um Gegengedankenwesen für diese Frau gebeten, und nach drei Wochen rief sie mich an und teilte mir mit, daß sie kein Bedürfnis mehr nach Rauschgift spüre. Ich mußte allerdings 25mal um grenzenlos große Kraft für sie bitten.

Ein anderes Mal rief mich eine Dame an, die in Sorge um ihren Mann war. Er folge ihr zwar brav überall hin, sogar in den Nähkreis, aber er habe immer die Flasche dabei. Und so trinke er auch bei jedem Nähkreis so viel, bis er betrunken auf dem Fußboden liege. Nach Beendigung des Nähkreises mußte er immer in volltrunkenem Zustand nach Hause gefahren werden. Nach der Bitte seiner Frau habe ich besonders starke Gegengedankenwesen herbeigebeten, um ihn von seinem Alkoholismus zu befreien. 14 Tage später rief seine Frau wieder bei mir an und erzählte, daß ihr Mann keinen Alkohol mehr trinke und daß er sich freiwillig als Chauffeur der Teilnehmerinnen des Nähkreises zur Verfügung gestellt habe.

„Hin und wieder wird mir etwas weggebissen"

W.W.: Strengt es Sie sehr an, bzw. laugt es Sie ätherisch sehr aus, wenn Sie so oft angerufen werden?

E. Jalkanen: Jeden Tag um 11 Uhr vormittags ziehe ich die Telefonschnur aus der Wand, weil ich zu müde bin, nehme dann etwas Salziges oder Müsli zu mir und lege mich eine Weile hin. Die meisten Telefonate beginnen damit, daß die Anrufer mitteilen, daß einem Freund oder Nachbar von ihnen auch geholfen wurde, und sie fragen dann, ob ich auch ihnen helfen könne. Sicherlich gibt es auch einige Menschen, die unbewußt Kräfte aus mir heraussaugen wollen, aber dagegen bin ich weitgehend geschützt, denn wenn ich nach den Anrufen eine Stunde liege, bin ich wieder vollständig regeneriert. Danach beginnt mein freier Tag, und ich arbeite an meinen Büchern oder stelle Folien mit Meßergebnissen für meine Kurse her.

Wenn ich mich nach einem Anruf sehr schwach fühle, rufe ich meine Frau und sage ihr, daß man mir wieder „etwas weggebissen" hat. Sie hat dann die Möglichkeit, mich wieder aufzutanken. Während meiner Kurse erlebe ich es auch oft, daß mich meine Schüler auftanken wollen. Aber sie sind noch nicht so weit, und deswegen ist ihr Bemühen für mich nicht günstig. Aber meine Frau hat dies im Laufe der Jahre gelernt.

Sie nahmen den schwarzen Schleier

W.W.: Was sind Dämonen, und welche Aufgaben haben sie?

E. Jalkanen: In der lemurischen Zeit verschwand das Paradies. In einer späteren Epoche, der atlantischen Zeit, versuchte man, das menschliche Leben zu beschleunigen. Während dieser Zeit gab es neben der Weißen Bruderschaft auch andere Wesen, die darüber beratschlagten, auf welche Weise das Böse entstehen solle. Ohne das Böse würde man nie das Gute kennenlernen. Und so hat ein ehemals weißes Engelwesen den schwarzen Schleier genommen und die Aufgabe des Bösen übernommen. In derselben Zeit kamen die Funken aus der geistigen Welt, und die Menschen wurden mehr und mehr Tempel des Heiligen Geistes. Und die mehr niederen Engel haben in dieser Zeit auch einen schwarzen Schleier bekommen, und seit dieser Zeit wirken sie als dämonische Wesen. Ihre Aufgabe wurde es, an den Bedingungen mitzuwirken, daß sich der Mensch durch freien Willen aus dem Jammertal der Erde erheben kann, wodurch erst der wahre Wert des Guten zur Verwirklichung kommen kann.

Der Mensch kann sich nicht entwickeln, wenn er sich nicht von sich aus zum Guten wendet. Und je öfter er von den Dämonen in den Dreck der Erde gerissen wird, desto öfter hat der Mensch die Chance, sich wieder zum Guten zu erheben. Heutzutage befindet sich die Menschheit in ihrem tiefsten Loch, aber in der Zukunft werden die Menschen neue Aufgaben ergreifen, und die ersten Zeichen dafür sind schon sichtbar. Auf der anderen Seite gibt es enorm viele Ereignisse und Entwicklungen, die zum Ziel haben, die Menschen davon abzuhalten, eine geistige Entwicklung einzuschlagen. Um das festzustellen, braucht man nur täglich die Zeitung zu lesen. Das spiegelt sich auch in dem Bedürfnis der Mutter Erde, wenn sie mit dem Erdball rüttelt und die Schwingungen verbessern möchte, z.B. durch El Niño und anderes mehr.

Dämonen und Lügengeister

W.W.: Schafft ein Mensch neue Dämonen, wenn er üble Gedanken, z.B. Haßgedanken, denkt?

E. Jalkanen: Wenn der Mensch einen negativen Gedanken oder einen Haßgedanken aussendet, kann man diesen Gedanken in der astralischen Welt als einen Pfeil oder ein Messer sehen. Es ist immer ein Bild der Schädigung. Und diese schädigende Form fliegt von demjenigen, der den Haßgedanken aussendet, zu dem Empfänger. Und im Astralleib des Empfängers richtet dieser Haßgedanke eine schwere Folge an. Auch das Energiefeld des Empfängers wird geschädigt, aber ein Dämon bleibt nicht bei ihm. Allerdings bleiben die Dämonen bei demjenigen, der böse Gedanken denkt, und sie sammeln sich zunehmend bei ihm. Wer viele dieser Dämonen um sich geschart hat, bekommt den bösen Blick. Wenn man aber diesen bösen Blick behandelt, verschwinden auch die Dämonen.

W.W.: Was geschieht, wenn man eine Lüge ausspricht? Geht dann auch ein astrales Bild von dem Lügner aus, und schafft er auch ein dämonisches oder phantomhaftes Wesen?

E. Jalkanen: Aus den Gedanken des Menschen können Wesenheiten entstehen. Früher, als hier in dieser Gegend noch viel weniger Menschen lebten, wohnten die Menschen sehr weit auseinander. Die Kinder hatten oft lange Schulwege. Wenn sie allein im Dunkeln durch die Wälder zur Schule gingen, bildete sich durch die sorgenvollen Gedanken der Mutter eine Art Schutzhülle um die Kinder. Die sorgenden Gedanken der Mutter verbanden sich mit einem Naturgeist, der dadurch zu einem Schutzgeist der Kinder wurde. Wenn die Mutter ein religiöser Mensch war, verbanden sich ihre frommen Gedanken mit dem Engel des Kindes, so daß das Kind eingebettet in die Schutzhülle des Engels und des Naturgeistes durch den Wald lief. Wenn das Kind älter wurde, konnte es sein, daß die Naturgeister nicht mehr gebraucht wurden, und so verschwanden sie.

Ähnlich ist es auch mit den Lügengeistern. Sie hängen von der Gedankenkraft desjenigen ab, der eine Lüge ausspricht. Je stärker die Lüge und je größer die Gedankenkraft des Lügners, desto länger leben diese Lügengeister.

W.W.: Bleiben die Lügengeister bei dem, der eine Lüge ausgesprochen hat, oder ziehen sie auch durch die Welt?

E. Jalkanen: Das hängt von der Lüge selbst ab. Es hängt natürlich auch davon ab, welcher Art die Lüge ist. Es gibt auf der einen Seite die kleinen, eher witzigen Flunkereien, auf der anderen Seite gibt es große flächendeckende politische Lügen, wie wir sie z.B. bei Saddam Hussein wiederfinden. Die Situation, daß er ständig Unwahrheiten spricht und daß ihm das Volk zujubelt, ist eine einzige große Lüge.

Wenn ein Mensch eine bewußte Lüge ausspricht, fällt sein Energiefeld sofort auf die negative Seite, die Frostseite. Weil der Mensch durch

Finnische Schären
Foto: Bernd Hansen

das eigene Lügenwerk in die negative Energie gesunken ist, öffnet er sich auch für andere böse Kräfte. Der Mensch öffnet sich also durch eigenes Wirken dem Bösen.

W.W.: Ich kenne jemanden, der sich durch eine ungeheure Vielzahl von Lügen seelisch und beruflich total geschwächt hat. Ich vermute, daß die durch die Lügen erzeugten phantomhaften Wesenheiten an seiner Schwächung mitgewirkt haben.

E. Jalkanen: Ich habe den von Ihnen geschilderten Menschen vor mir. Er hat sich durch die Lügen größer gemacht, und man müßte ihn von minus 7 an langsam heilen, bis er bei plus 10 angelangt ist. Aber er ist im großen und ganzen kein gefährlicher Mensch, und er wird als Mensch nicht auf der negativen Seite bleiben. Seine Lügen sind aus einer gewissen Naivität heraus erwachsen.

Wenn ein Mensch aber eine größere Verantwortung in der Welt hat, z.B. ein Politiker, und dies mit einer großen Lügenhaftigkeit verbunden ist, dann sinkt er auch persönlich auf die negative Seite. Dann kann er sich nicht mehr durch eigene Kräfte daraus befreien.

W.W.: Rudolf Steiner sagt, daß ein Mensch, der eine Lüge ausspricht, damit einen Lügendämon schafft. Dieser Lügendämon hat die Zielrichtung, auch auf andere Menschen so zu wirken, daß diese zu lügen beginnen. Können Sie wahrnehmen, ob solche Lügendämonen eine entsprechende Wirkung in der Welt haben?

E. Jalkanen: Wenn ein Mensch eine schwere Lüge ausspricht und damit ins Negative absinkt, dann wird er teilweise selbst zu einem Dämon. Zumindest strahlt er eine dämonische Kraft in die Welt. Wenn solche Menschen ins Negative herabsinken, so wirken sie ähnlich, aber doch ein wenig anders als ein Dämon. Ihre dämonische Kraft ist nämlich größer als die eines Dämons. Mehr kann ich dazu leider nicht sagen.

Schutz vor bösen Einflüssen

W.W.: Wie kann man sich vor dämonischen Kräften schützen, wenn man z.B. durch einen Lügner oder einen schwarzmagischen Einfluß attackiert wird?

E. Jalkanen: Meine Therapie ist hier die Heilung durch das Herbeirufen der Gegengedankenwesen. Durch diese Gegengedankenwesen entsteht eine Energie, die helfend in den entsprechenden Prozeß eingreifen kann. Solche Wesen sind eine mächtige Medizin gegen das Böse. Das ist dieselbe Arznei, mit der man den bösen Blick heilen kann.

W.W.: Wenn jemand dieses Interview liest und Sie nicht zur Hilfe hat, wie kann er damit umgehen? Kann er sich auch selbst gegen lügnerische und schwarzmagische Einflüsse oder gegen den bösen Blick wappnen?

E. Jalkanen: Man kann z.B. 25mal die Formel aussprechen: „Ich bitte um ein außerordentlich starkes Gegengedankenwesen, das mich schützt." Reijo Wilenius hat übrigens empfohlen, nicht dieses etwas schwierige Wort Gegengedankenwesen in die Mantren hineinzunehmen. (Zu Reijo Wilenius siehe auch das Interview mit ihm in FLENSBURGER HEFTE 55: „Naturgeister. Vom Wirken der Elementarwesen", S.72 ff.)

W.W.: Das ist in der Tat ein etwas schwer verständlicher Begriff, der obendrein auch noch negativ klingt.

E. Jalkanen: Das Gegengedankenwesen ist allerdings ein positives Wesen. Dieses Wesen vertreibt die negativen Gedanken und Energien.

W.W.: Dann wäre der Ausdruck „ein negative Gedanken paralysierendes Geistwesen" richtiger bzw. „ein Geistwesen, das negative Kräfte paralysiert".

E. Jalkanen: Man könnte es auch „geistige Kräfte vermehrendes Wesen" nennen. Denn dort, wo positive geistige Kräfte Raum gewinnen bzw. sich vermehren, verschwinden die negativen Kräfte.

Nationalistische Haßkräfte

W.W.: Ich habe noch eine Frage zu der Situation eines ethnischen Konflikts bzw. eines Völkermords. Sowohl in Bosnien als auch in Ruanda haben wir in den letzten Jahren einen Völkermord erlebt. In Sarajewo z.B. schossen die Serben jahrelang auf ihre ehemaligen Nachbarn, in Ruanda fielen die Hutu plötzlich über die Tutsi her und schlachteten in knapp drei Monaten fast eine Million Menschen ab. Wie können Menschen, die als Freunde oder Nachbarn jahrelang zusammengelebt haben, plötzlich zu Feinden werden und einander umbringen?

E. Jalkanen: Auf jeden Fall wirken dabei unterbewußte Kräfte, die auch vor Ausbruch eines solchen Konflikts untergründig vorhanden waren. Ich kann mich Ihrer Frage nur von dem Gedanken her nähern, daß wir berücksichtigen müssen, daß auf der Erde viel zu viele Menschen leben. Die Lebensverhältnisse in Ruanda wurden für beide Volksgruppen zu eng.

Leider gibt es immer wieder Situationen, daß ganze Völker verschwinden bzw. ausgerottet werden, wenn wir z.B. an die Ureinwohner Amerikas und Australiens denken. Etwas Besonderes ist natürlich das, was als Völkermord in Ruanda 1994 geschehen ist. Vor 50 Jahren hatten wir noch etwa 2 Milliarden Menschen auf der Erde, im Jahre 2010 werden es bei fortlaufender Entwicklung 6,5 Milliarden sein. Aber irgendwann wird der Moment kommen, wo wir die Menge von Menschen nicht mehr werden ernähren können. Die Überbevölkerung in Ruanda ist sicherlich einer der Hintergründe des Völkermordes. Aber selbstverständlich gibt es auch andere Gründe, vor allem darf man niemals das Handeln des Individuums vergessen.

W.W.: Können Sie noch etwas zu den dämonischen Kräften sagen, die bei diesen Völkermorden entfesselt werden?

E. Jalkanen: Es wird mir gerade gesagt, daß dies immer eine sehr lange Verstopfung ist, die dann plötzlich aufplatzt. Die Problematik liegt im Inneren der Menschen und ist nicht von außen an sie herangetragen worden.

W.W.: Was sind die innerlichen Gründe für den Haß? Ist der übertriebene Nationalismus eine Quelle dämonischer Kräfte?

E. Jalkanen: Das ist sehr gut möglich. In jedem Volk gibt es zusätzlich zu dem Volksgeist noch einen Volkswächter. Dieser Volkswächter ist aus den gemeinsamen Gedanken der Volksangehörigen hervorgegangen, und wenn die Gedanken der einzelnen Menschen in eine nationalistische Richtung gehen, bekommt dieser Volkswächter eine äußerst negative Kraft.

Auf dem Weg, die Welt zu heilen

W.W.: Ist das Böse in seiner Kraft in den letzten Jahren gewachsen? Gibt es eine besondere Steigerung des Bösen jetzt zum Jahrtausendende?

E. Jalkanen: Momentan sind wir in einer Phase, in der sich die Grundschwingungen der Erde so verschlechtert haben, daß wir im Grunde nur noch einen Weg beschreiten können: den Weg nach oben. Wir müssen diese Schwingungen wieder steigern. Deswegen haben wir in Finnland eine Gruppe von Menschen gebildet, die versucht, mit einem höheren Bewußtsein die Schwingungen der Erde wieder höherzubringen. Von der Tradition gibt es in Finnland sehr wenig religiöse Hindernisse, so daß immer mehr Menschen in dieses geistige Gebiet hineinwachsen.

Wir haben eine neue Methode entwickelt, mit der ein größerer Bereich in eine neue Entwicklung geführt werden kann. Wir säubern in einer Intensität, die fünf Leben zurückreicht. Wenn man bei Menschen die geistige Bioenergie der letzten fünf Leben säubert, bewirkt man, daß diese geistige Bioenergie die Größe von 4 m oder mehr hat. Diese Menschen sind dann in der Lage, positive Kräfte in die Welt zu bringen.

Wenn man in seinem eigenen Land nicht genügend Helfer findet, um Gruppen von Menschen oder ganze Regionen zu heilen, dann soll man bei mir anrufen. Ich erinnere noch einmal an Saddam Hussein und sein Umfeld und die Zeit, die man zur Reinigung dieser Menschen braucht. Ein normaler Mensch ist durchaus in der Lage, eine vierminütige Säuberung durchzuführen. Ist aber eine längere Säuberung vonnöten, braucht man dazu höhere Fähigkeiten. Ich habe diese. Man muß also vier oder mehr Minuten sagen „Werde gesund". Ein Mensch, der z.B. eine geistige Bioenergie von der Größe von 5 m hat, kann einen Menschen fünf Minuten geistig heilen. Das ist die gleiche Methode, mit der man auch die Erde einigermaßen beruhigen kann. Es gibt nur sehr wenige Menschen, die mehr als fünf Minuten heilen können. Methodisch wäre es so zu organisieren, daß diejenigen Menschen, die Heilerfähigkeiten haben, sich z.B. irgendwo in Finnland einen Gasthof mieten und dann beginnen, ein Land der Erde nach dem anderen zu heilen. Nach ein paar Monaten wäre dann die ganze Welt behandelt.

W.W.: Steiner sagt, daß Naturgeister Kinder unter sieben Jahren nicht wahrnehmen können. Haben Sie ähnliche Beobachtungen?

E. Jalkanen: – *Er prüft diesen Tatbestand mit seiner Wünschelrute.* – Ich kann diese Behauptung nicht bestätigen. Meines Erachtens stimmt das nicht. Meine Grundlage ist aber nur die eben sehr schnell durchgeführte Untersuchung.

W.W.: Auf welche Weise kann man zu einem Verstorbenen Kontakt aufnehmen?

E. Jalkanen: Eigentlich hat man dazu keine Berechtigung. Die Verstorbenen sind unterwegs in eine neue Heimat. Hin und wieder kommt es aber auch vor, daß die Verstorbenen eine Verbindung zu den noch lebenden Menschen suchen. Das ist meist dann der Fall, wenn der Verstorbene noch etwas auf der Erde zu erledigen hat, wenn er nur halb fertig mit irgendeiner Angelegenheit geworden ist. Ein Verstorbener wird dann mit Problemen belastet, so daß er das Bedürfnis hat, in erdnaher Sphäre zu schweben.

Ein finnischer Musiker ist hier in der Nähe vor Jahren mit seinem Auto verunglückt und gestorben. Er hat über ein Jahr versucht, Verbindung mit seinen Verwandten und Freunden aufzunehmen, weil er nicht begriff, daß er gestorben war. Das geschieht oft bei Menschen, die eines schnellen Todes sterben.

In der orthodoxen Kirche hat man einen kleinen Tisch, auf den man eine Kerze stellen und anzünden kann. Das ist der Tisch für die Verstorbenen. Im Kloster Valamo ist die Schwingungskraft in diesem Moment 98, auf dem Erinnerungstisch für die Toten aber nur 20. Das zeigt, daß in diesem Zusammenhang etwas nicht in Ordnung ist. Wahrscheinlich werden die Verstorbenen nicht richtig behandelt. – Man darf nichts unternehmen, was den Toten an die Erde bindet bzw. ihn dorthin zurückruft.

Zum Umgang mit Verstorbenen

W.W.: Aber kann man dem Toten nicht helfen, indem man ihm geistig etwas gibt, z.B. durch ein Gebet?

E. Jalkanen: Selbstverständlich. Alles, was ihn auf seiner Reise in die geistige Welt kräftigend begleitet und unterstützt, ist eine richtige Verhaltensweise. Wenn ein Mensch irgend etwas ihn Belastendes mit über die Schwelle hinübernimmt, hat er oft das Bestreben, dieses Problem in irgendeiner Weise zu lösen.

Mein Vater starb in einer Situation, die bedingte, daß er finanzielle Probleme zurückließ. Wir hatten zwar keine bewußte Verbindung zu ihm, aber eine Nachbarfrau von uns träumte, daß diese finanziellen Schwierigkeiten und unser Verhalten ihn sehr belasteten. Als sie uns diesen Traum mitteilte, haben wir die finanziellen Schwierigkeiten durch den Verkauf eines Waldstückes gelöst.

Vor einiger Zeit kam ein Priester hierher und brachte das ganze Dorf wegen seiner Engstirnigkeit durcheinander. Bald darauf starb er und erschien kurz danach einer sehr sensiblen Dame im Traum. Er sagte ihr im Traum: „Was hat das nur mit der nachtodlichen Welt auf sich? Ich dachte, ich käme in den Himmel, aber das sieht hier gar nicht so aus!“ Er landete eben auf der Astralebene, wo keineswegs alles sehr schön ist. Als er noch auf der Erde weilte, hatte er in jeder Predigt gesagt, daß Jesus in ihm lebe und daß alle seine Worte von Jesus kämen. Dann bekam er die Ehre zu sterben. Aber was er dann im Nachtodlichen erlebte, war doch etwas anders, als er es sich in seinen scheinheiligen Vorstellungen gedacht hatte.

Vor Jahren starb ein Freund von mir, ein Hochschullehrer aus Karelien. Nach seinem Tod begann seine Frau, ihn ständig zu kritisieren und ihn für alles, was schiefgegangen war, zu beschuldigen. Sie schob ihrem verstorbenen Mann für alles die Schuld zu. Das steigerte sich weiter, bis die Tochter einschritt und ihre Mutter zurechtwies, denn sie wußte, daß er an allen diesen Dingen weitgehend unschuldig gewesen war. Eines Morgens wachte die Witwe auf, ging in die Küche und sah dort ihren verstorbenen Mann sitzen. Er zitterte wie Espenlaub und sagte: „Mach bitte die Außentür zu, mir ist so kalt." Die Frau ging und schloß die Haustür, und als sie wieder in die Küche kam, war ihr Mann fort. – Das ist ein gutes Beispiel dafür, wie schutzlos ein Mensch im Nachtodlichen ist und wie wichtig es ist, daß die Lebenden darauf achten, welche Gedanken sie über die Verstorbenen äußern.

W.W.: Kann man einem Verstorbenen helfen, der sich an die Erde klammert, weil er noch eine Schuld abtragen möchte?

E. Jalkanen: Man muß wissen, daß die Wahrnehmungsfähigkeit eines Verstorbenen ganz anders ist als die eines Lebenden. Seine Gedankenwelt, seine Logik und seine Erinnerungsfähigkeit haben sich stark verwandelt. Oft verschwindet seine Erinnerung, und er ist nur noch ein Wesen der Gefühlswelt. Deswegen können wir kein logisches Gespräch mit ihm führen. Aber man kann ihm gute Gedanken in der Form senden, daß astralische Wesen ihm in der Astralwelt helfen mögen. Neben solchen guten Gedanken sind segnende Gedanken am allerwichtigsten. Wenn man eine Segnung ausspricht, wird einem Verstorbenen in jeder Form geholfen. Der Strom der Segnung ist eine immerwährende Labung. Eine solche Segnung stört die Daseinsart eines Verstorbenen nicht. Da ein Verstorbener nicht mehr die Fähigkeit zum logischen Denken besitzt, kann er auch keine auf der Erde abgebrochenen Projekte aus der geistigen Welt weiterführen. Der Verstorbene lebt ganz in Gefühlen und versteht im Grunde auch nur die Gefühle der Lebenden, und deswegen sollte man über Verstorbene auch nichts Negatives sprechen und denken. Böse Gedanken der Lebenden versteht ein Verstorbener zwar nicht, aber er empfindet sie als Schmerzen.

Auf Friedhöfen gibt es immer eine sehr hohe Schwingung. Die resultiert aus dem Schweiß des Todes. Dieser Schweiß kommt einige Stunden nach dem Tod eines Menschen aus dem Körper heraus; bei schwachen Menschen allerdings nicht. Das ist die letzte gute Tat des menschlichen Körpers für die Welt. Früher hat man gewußt, daß dieser Schweiß mit den Gesichtstüchern aufgesaugt werden muß. Es gab hier in Mittelfinnland sogar Heiler, die Leichenbretter als Heilungstische verwendet haben. In diese Leichenbretter war der Schweiß der Toten eingezogen. Bei diesen Brettern war der Schwingungsgrad über 100. Bei 90 liegt schon die Grenze einer Wunderheilung. Der Kranke wurde auf dieses Brett gelegt, und der hohe Schwingungsgrad half ihm bei der Heilung.

Der Spuk im Haus am See

W.W.: Sie erwähnten in unserem Vorgespräch einen Spuk in einem Haus ganz hier in der Nähe. Was hat es damit auf sich?

E. Jalkanen: Auf meinem Grundstück habe ich einen Tontu, der Wache hält. Mit seiner Hilfe habe ich auch meinen Söhnen Tontus vermittelt, die ihre Grundstücke beschützen. Wenn es Sommer wäre, könnten wir jetzt einen Spaziergang auf meinem Grundstück zu einem 1 km entfernten See machen. Dort steht ein altes Blockhaus, das früher als Vorratskammer für Fleisch diente. Für einige Menschen war es sehr schwierig, sich in diesem Haus aufzuhalten. Es war etwas irrational, aber man fühlte sich dort einfach nicht wohl. Meine Frau gehörte auch zu den Menschen, die sich dort sehr unwohl fühlten.

Einer von unserer Bruderschaft – das sind Menschen, die den geistigen Weg mit mir gehen – hat erkannt, daß jeden Abend um 21 Uhr ein gefallener russischer Soldat in die Blockhütte kommt. Man konnte geistig erleben, daß dieser russische Soldat jeden Abend im Treppenbereich erschossen wurde. Durch diese geistige Schau haben wir verstanden, was hier einstmals geschehen ist: Im Jahre 1806 zogen russische Soldaten durch dieses Gebiet, und einige von ihnen hatten die Aufgabe, auf die Höfe zu gehen, um Essensvorräte zu besorgen, also zu stehlen. Und dieser Soldat ist dabei von dem Besitzer der Blockhütte erschossen worden. Seine Seele mußte die ganze Zeit an diesem Ort spuken. Aber das Mitglied unserer Bruderschaft hat ihm zu verstehen gegeben, daß er längst verstorben sei, und dadurch wurde er erlöst und konnte sich aus der Fesselung an die Blockhütte befreien. Danach beschlich niemanden mehr ein unwohles Gefühl in diesem Haus am See.

Auf dem Weg zum Strand findet man auch noch einen alten Megalith-Friedhof, der etwa 3.000 Jahre alt ist. Auf diesem Friedhof wurde ich selbst während einer meiner letzten Inkarnationen begraben. Früher gab es an einem Felsen in der Nähe der Blockhütte am See einen goldenen Gegenstand, der ein Kultobjekt einer kleinen Menschengruppe war. Als der Wasserspiegel des Sees etwas höher stieg, wurde dieser goldene Gegenstand auf den Megalith-Friedhof gebracht, und noch heute wohnt dort ein geistiges Wesen, ein junges Mädchen, das diesen goldenen Gegenstand behütet.

In derselben Zeit, als sich die Geschichte mit dem russischen Soldaten ereignete, hat man sämtliche Silbergegenstände der Kirche von Toivakka – hier ganz in der Nähe – in der Erde vergraben. An der Stelle, wo das Silber vergraben ist, kann man noch heute mit dem inneren Auge ein leichtes flammenartiges Leuchten schauen. Mein Freund, der den russischen Soldaten erlöst hat, hat auch diesen Silberschatz geschaut, aber er hat beschlossen, niemandem den Ort zu verraten. Es gibt noch weitere Stellen, an denen man verschiedene Schmuckgegenstände versteckt hat.

Neue Seelenfähigkeiten

W.W.: Kennen Sie Menschen, die als neue Seelenfähigkeit Bilder aus ihren vergangenen Leben schauen können?

E. Jalkanen: Ich habe einige Bekannte, die etwas aus einem Leben während der atlantischen Epoche erlebt haben. Das sind z.B. Wanderungen in einem Tempel. Aber ich kann nichts darüber sagen, ob solche Fähigkeiten in der letzten Zeit verstärkt auftreten.

Ich habe eben nachgeprüft, ob Steiner damit recht hat, daß in Zukunft solche neuen Seelenfähigkeiten – z.B. das Schauen von Bildern aus dem letzten Leben – verstärkt auftreten. Wahrscheinlich hat er recht, aber er hat das Auftreten dieser Fähigkeiten wohl überschätzt, denn dazu ist es wahrscheinlich noch etwas zu früh. Solche Fähigkeiten sind im Kommen, aber es wird noch etwas dauern.

Ein Kurs mit Esko Jalkanen

Sirkku Lumioksa

Während ich Esko Jalkanen auf seinem schönen, liebevoll gepflegten Anwesen besuchte, erhielt ich eine Einladung, an einem seiner Kurse teilzunehmen. Dieser fand in der Christlichen Volkshochschule Turku in der Zeit vom 17.–19.10.1998 statt.

Diese Institution bietet Vollzeitstudien für junge Menschen mit einer christlichen Orientierung an. Es kann ein Diplom als Gehörlosen-Dolmetscher, Heilpädagoge oder Erzieher erworben werden. Auch diverse Wochenendkurse werden angeboten. Und die Räumlichkeiten können für externe Veranstaltungen angemietet werden.

Die Leitung der Volkshochschule bekennt sich in ihren Prospekten zu der pietistisch orientierten Erweckungsbewegung (Heränneet), die innerhalb der finnischen evangelisch-lutherischen Staatskirche die konservativste Fraktion stellt. Die Beziehungen zu den leitenden Organen der größeren der zwei finnischen Staatskirchen sind hier sehr eng, denn der Erzbischofssitz liegt nur ein paar Kilometer entfernt.

Die Geschichte der ältesten Stadt Finnlands ist hier deutlich zu spüren. Wenn man im Speisesaal aus dem Fenster blickt, sieht man riesige Steinsetzungen: die Überreste einer eisenzeitlichen Fluchtburg. Von hier überwachte man den wichtigsten Flußlauf und Handelsweg der Finnen von der jüngeren Steinzeit bis in die Gegenwart. In der Nähe befindet sich auch heute ein kleines Militärgebiet. Und nicht weit von der eisenzeitlichen Burganlage steht der Dom zu Turku, der nach architektonischen Vorbildern aus Lübeck gebaut wurde.

An diesem Ort mag man sich fragen, wieso Esko Jalkanen gerade hier, in einer Hochburg der lutherischen Dogmatik, lehren darf. Vielleicht kann man diese Tatsache dadurch erklären, daß die traditionellen finnischen Auffassungen über Geistwesen und das Geistige in der Natur die kirchliche Lehre nie wirklich bedroht haben. Trotz einer traurigen Zeit der Hexenverbrennungen und der Verfolgung in den Jahren der Aufklärung überlebten die schamanistischen Traditionen Finnlands und lebten Hand in Hand mit den christlichen Auffassungen, besonders in der Peripherie. Die Tomte gehören heute noch genauso in die Früherziehung eines evangelischen Gemeindekindergartens wie in die Waldorfschulen. Volksheiler können treue Kirchgänger sein, und schamanistische Sprüche rufen auch im Christentum beheimatete Geistwesen zur Hilfe. Aber Esko Jalkanen spricht auch selbstverständlich über Reinkarnation und Karma und lehnt entschieden alles ab, was nach Dogmatik aussieht.

Eine buntgemischte Gruppe

Die Kursteilnehmer wußten, daß sich unter ihnen eine Berichterstatterin einer ausländischen Zeitschrift befand. Auf meine Frage, ob ich fotografieren darf, nickte Esko Jalkanen lächelnd, und bevor er etwas sagen konnte, kam eine humorvolle Antwort aus den Reihen des Hörsaals: „Wenn du uns nicht in der *Bild-Zeitung* zeigst." Ein allgemeines Lachen zeigte, daß die Sorge, ich könnte sie durch eine falsche Darstellung in die Kategorie der Verrückten befördern, wohl nicht sehr ausgeprägt war.

Wir waren ca. 30 Personen. Die Jüngsten unter uns waren Enkelkinder von Esko Jalkanen, 16–17 Jahre alt, die Ältesten im Rentenalter. Verschiedenste Berufsgruppen waren vertreten: z.B. Studentinnen, Lehrerinnen, Sozialarbeiterinnen, Ingenieure, Zeitungsverkäufer, Hausfrauen und Arbeitslose – ein gutes Durchschnittsbild der finnischen Gesellschaft. Eine Teilnehmerin hatte die Reise von Stockholm auf sich genommen, um an dem Kurs teilzunehmen.

Einige der Teilnehmerinnen und Teilnehmer waren aus purer Neugierde dabei, ein Großteil war auf der zeitüblichen Suche nach einer neuen Spiritualität. Die wenigen Männer hatten eines gemeinsam: Sie waren alle naturverbundene Lapplandwanderer, Angler, Jäger, Naturschützer. – Zwei der Kursteilnehmerinnen bekannten sich zu einer ausweglosen Situation, in der sie sich sahen. Sie waren gekommen, um eine Möglichkeit der Linderung und Hilfe für sich und ihr engstes Umfeld zu finden: Eine ging an Krücken, weil sie unheilbar an Multipler Sklerose (MS) erkrankt war, die andere stand unter einem ständigen unzumutbaren psychischen Druck an ihrem Arbeitsplatz. Sie war dort einem Mobbing ausgesetzt, und zudem war ihr Arbeitsplatz durch Personalkürzungen bedroht. Keine der beiden dachte aber an eine Wunderheilung oder ähnliches, dazu waren sie Realisten genug.

Trotz meiner Kamera und Notizblöcke behandelte Esko Jalkanen mich wie alle anderen Kursteilnehmer auch. Meine Bioenergie wurde gemessen, ich durfte alle Übungen mitmachen und erhielt zum Schluß die heilenden Worte, die er in seiner täglichen Praxis benutzt. Diese werde ich hier aus Ehrfurcht gegenüber einer alten Tradition nicht weitergeben.

Mit den heilenden Worten zurückhaltend umgehen

In meinem Studium der Volkskunde und als ehemalige Museumsmitarbeiterin habe ich gelernt, daß auch die großen Vorbilder Elias Lönnrot, Samuli Paulaharju und M.A. Castrén, die die finnische Volkskunde begründet haben, nie die vollständigen Heilworte weitergegeben haben. Dies hatte einen einfachen Grund, den die alten Schamanen und Heiler angeführt haben: Diese Worte würden ihre Wirkung verlieren, wenn ein Nichteingeweihter sie aussprechen würde oder wenn sie aus nichtigem Grund Fremden preisgegeben würden.

Es gab eigentlich nur zwei Situationen, die den Volkskundlern ermöglichten, solche Worte zu hören: wenn sie selbst echte Patienten waren und von Schamanen behandelt wurden, oder wenn sie einem schamanistischen Ritual beiwohnten. Nur einige wenige Wissenschaftler haben selbst eine schamanistische Einweihung durchgemacht.

Einer von ihnen ist Tshuner Taksami, der heute die volkskundlichen Sammlungen Peters des Großen in Leningrad leitet. Er setzt sich mit aller Kraft für die vom Aussterben bedrohten Völker Sibiriens ein, deren Lebensgrundlage – die Natur und die alte schamanistische Kultur – immer mehr schwindet. Von der Einweihung berichtet Taksami in seinem Einleitungsartikel zur großen Ausstellung über den sibirischen Schamanismus, die 1999 in Tampere zu sehen war.[1] In dieser Ausstellung wurden zum ersten Mal im Westen die kompletten Schamanis-

1. Zu der Ausstellung ist ein umfassender Katalog erschienen, der als Grundwerk über den sibirischen Schamanismus gewertet wird. Zur Ausstellungseröffnung erschien auch ein wichtiges Buch des Religionswissenschaftlers Juha Pentikäisen: „Samaanit, Pohjoisten kansojen elämäntaistelu“, was auf Deutsch heißen müßte: „Schamanen, der Lebenskampf der nördlichen Völker“. Das Buch ist in englischer Sprache erhältlich.

mus-Sammlungen des Russischen Museums, Kunstkammer Peters des Großen, gezeigt, an deren Vervollständigung auch viele finnische Volkskundler beteiligt waren.

Tshuner Taksami geht auch auf die stalinistischen Greueltaten ein: Im Namen der neuen Zeit und Entwicklung mußten die Schamanen, die die Leiter der Kultur waren – und nicht nur Priester und Heiler im heutigen Sinne –, sterben. Und der Schamanismus sollte systematisch ausgerottet werden. Um einem Schamanen schwer zu schaden, reichte es auch, wenn man seine Hilfsgeister und seine Trommel zerstörte. Und einen Teil des Kräfteverlustes stellen auch die geraubten Worte und Formeln dar.

So können wir – von Elias Lönnrot dokumentiert – zwar die Erlösungsworte für die Geburt, die Worte für das Blutstillen und die Worte zur Bändigung eines Sturms in der Kalevala lesen. Doch diese Kalevala-Strophen beruhen auf einer Zusammensetzung vieler Worte und Formeln, die verschiedene Schamanen und Heiler benutzt haben. Und stets fehlt ein kleiner Teil, manchmal nur ein Vers.

Die Worte, die Esko Jalkanen uns am Ende seines Kurses gab, waren genau einzuprägen. Sie beinhalten viele Elemente der alten Heilworte, sind aber inhaltlich zeitgemäßer, also mehr für den Menschen in der heutigen Lebenssituation bestimmt. Diese Worte setzen auch eine gewisse „Gebrauchsanweisung“ voraus, in der alten Zeit hätte man vielleicht von einer Initiation gesprochen. Unsere Erfahrung war dagegen eine sehr nüchterne Lernanstrengung in einem profanen Hörsaal. – Wer vor Neugierde brennt, kann selbstverständlich einen Kurs bei Esko Jalkanen mitmachen. Die Kurse stehen für jeden offen.

Weckruf einer Ausstellung

Hier möchte ich einen kleinen Einschub machen und noch einmal kurz auf die Ausstellung in Tampere eingehen, da sie auch einem umfassenderen Anliegen diente. Denn die Ausstellung sollte auch die Bestrebungen der immer kleiner werdenden, vom Aussterben bedrohten ethnischen Gruppen im sibirischen Raum unterstützen, ihre Kultur und vor allem ihren Lebensraum zu schützen.

In den begleitenden Texten wird berichtet, wie die Ländereien solcher Gruppen immer noch gegen einen Motorschlitten oder Wodka an internationale Konzerne eingetauscht werden, die die dortigen Ölvorkommen und andere Bodenschätze ausbeuten wollen. Die Einheimischen werden überrumpelt und betrogen. Produktionsstätten werden ohne Rücksicht auch auf den alten heiligen Plätzen gebaut, während die Bevölkerung auch durch das Wirken der russischen Behörden ihre Sprache, ihre Kultur und alle Lebensgrundlagen verliert.

Wenn die ökologischen Lebensgrundlagen einer ethnischen Gruppe nicht mehr vorhanden sind, verschwinden auch der Schamanismus und die Kultur. Und mit dem Schamanismus verschwinden ganze Völker. Sie werden Opfer der modernen technologischen Entwicklung. Heute zeigt sich immer deutlicher, daß Wissenschaftler, die alte Kulturüberlieferungen studieren, auch aufgefordert sind, die entsprechenden Volksgruppen und ihre Kultur zu schützen. Das museale Konservieren reicht nicht mehr aus. Es müssen andere, lebensnahe Formen entwickelt werden.

Tshuner Taksami, selbst ein Nivhi, möchte eine Universität für diese gefährdeten Völker gründen, damit die Jugend, die jetzt an russischen Universitäten studiert – um nimmer wiederzukehren –, auf eigenem Gebiet und auch die eigene Sprache und Kultur studieren kann, um eine kulturelle und ökologische Beständigkeit zu schaffen. Aber es wird wohl nicht mehr zu verhindern sein, daß einige Völker aussterben. Das sind z.B. die Völker Hanti und Mansi, die eine dem Finnischen verwandte Sprache sprechen. Die Nivhi sind nur noch 4.420 Personen. Ein Viertel von ihnen spricht noch die eigene Sprache, die anderen sprechen Russisch.

Diese kleinen Völker können sich nicht selbst schützen, wenn sie keine Möglichkeit der Bildung haben, die notwendig ist, um ihre kulturelle Identität zu bewahren und ihre Interessen zu verteidigen.

Von Bäumen und Brunnen

Kommen wir wieder zum Kurs mit Esko Jalkanen zurück, dessen tiefe Naturverbundenheit sehr beeindruckend ist. Er leitete den Kurs mit Bildern ein, die er aus seinem reichen Erfahrungsschatz als Waldbegutachter und Gärtner nahm. Er beschrieb verschiedene Bäume und die mit ihnen in Symbiose lebenden Pilzarten. Es war uns allen aufgrund eigener Erfahrungen möglich, diesen Schilderungen zu folgen. Dennoch wurde mir bewußt, daß ich durch finnische Wälder vielfach „mit Scheuklappen“ gegangen bin.

Jalkanen lehrte uns, Kräftewirkungen an den Gestalten der Bäume und Baumgruppen und an den Pilzkreisen abzulesen, und führte uns so langsam zum Verständnis der verschiedenen Erdstrahlen. So lernten wir z.B., daß Ebereschen die in der Erde verborgenen Wasseraderkreuzungen als Standort bevorzugen, die Nadelbäume die sogenannten Hartmann-Linien, während die Birken stets die Zwischenräume dieser Linien als Wachstumsgrundlage brauchen. Auch die Ameisen nutzen diese Naturkräfte, die unterschiedliche Qualitäten besitzen.

Der Kurs beruhte immer wieder auf einer einfachen, aber genauen Naturbeobachtung mit sensiblen Nuancierungen. Und auch für einen Menschen wie mich, der keine sonderlichen Biologiegrundlagen besitzt, war der Inhalt nachvollziehbar und begreiflich. Nach dem Kurs hätte mancher von uns sogar auf einem zukünftigen Sommerhausgrundstück im finnischen Wald eine Stelle für einen Brunnen aussuchen können. Denn auch damit haben wir uns intensiv beschäftigt. Wo ist der beste Platz für einen Brunnen, und wie tief müßte dieser sein? Um diese Aufgabe bewältigen zu können, brauchten wir noch etwas ganz anderes, als wir bis dahin gelernt hatten.

Wir bekamen alle ein Stück Schweißdraht – etwa 70 cm lang und 2 mm dick – und bogen nun nach Anweisung Jalkanens eine Wünschelrute. Er zeigte uns darüber hinaus anhand einer Skizze an der Tafel, wie jeder für sich einen Maßstab herstellen könnte. Der könnte z.B. die Form eines Halbmondes haben – ähnlich wie bei einem Tachometer –, wir könnten aber genauso gut ein fertiges Maßband dazu nehmen. Das Entscheidende aber sei eine mit starker Konzentration gestellte Frage an die Rute: „Wo ist der beste Platz für den Brunnen?“ Es genügt natürlich, diese Frage intensiv zu denken. Beim Abschreiten des Geländes würde sich die Rute dann an der entsprechenden Stelle biegen. Um auch eine Antwort auf die Frage zu erhalten, wie tief der Brunnen sein müßte, um an das Grundwasser zu reichen, könnten wir unsere Maßstäbe benutzen und die Biegung der Rute entsprechend verrechnen. – Im übrigen könnte man ähnlich vorgehen, wenn ein Grundstück sehr

Esko Jalkanen biegt die Rute
Foto: Sirkku Lumioksa

weit entfernt ist und man nur in seinem Zimmer sitzt, seine Fragen stellt und sich auf das entsprechende Gelände konzentriert, also nur gedanklich an die Sache herangeht.

Vielleicht habe ich gerade bei diesem Teil des Kurses irgend etwas verpaßt. Denn als wir in die Natur hinausgingen, um zu üben, gehörte ich zu den wenigen Leuten, bei denen die ganze Sache überhaupt nicht funktionierte! Nach einer Weile stand eine größere Gruppe in einem Kreis zusammen, die Ruten zeigten zur Mitte, zitterten leicht, und sie bogen sich tatsächlich. Die Spitzen wurden wie von einer magischen Kraft heruntergezogen.

„Vielleicht braucht man eine besondere Begabung", meinte ich zu meiner Nachbarin, bei der es auch nicht funktionierte und die ganz unglücklich über ihren Mißerfolg war. Sie bekam jedoch bald Hilfe. Tiina Lindholm, die einige Teile des Unterrichts übernommen hatte, kam zur Hilfe, zeigte ihr die richtigen Handgriffe, nahm kurz die andere Seite der Rute in ihre Hand und ging schließlich mit der unglücklichen Kommilitonin einige Schritte über das Gelände. Und nach einer Weile hatte auch sie Erfolg: Langsam, leise zitternd, regte sich was. Die

Die ersten Übungsschritte mit der Wünschelrute
Foto: Sirkku Lumioksa

Rute bog sich schwach nach unten. – Für mich ist das alles immer noch ein Rätsel!

Esko Jalkanen sagte uns: „Ihr solltet jeden Tag ein bißchen üben, allerdings nicht mehr als zehn Minuten, und nur wenn ihr gesund seid." Bei genügender Übung könnten wir auf diese Weise auch die Bioenergien der verschiedenen Speisen messen, die wir zu uns nehmen. Wir würden auch unsere eigene Bioenergie und die anderer Menschen messen können, um festzustellen, an welcher Stelle und mit welcher Technik wir die Heilungsprozesse einleiten sollten. – Auch bei den alten schamanistischen Heilungen mußte der Schamane zunächst herausfinden, was die Ursachen einer Krankheit sind. Dafür mußte er lange anstrengende Geistesreisen machen. Wir bräuchten aber nur die Rute. Aber auch das schien für mich schon zu kompliziert.

An dieser Stelle wurde mir besonders deutlich, daß Esko Jalkanen voraussetzt, daß wir alle mit einem ähnlichen Selbstverständnis und einer ähnlichen Offenheit für die geistige Welt und geistige Wesen leben, arbeiten und üben wie er. Staunend schauten wir auf einen alten Mann, der besonnen und ruhig über Elementarwesen erzählte, die gerade neben uns waren oder sogar auf unserem Schoß saßen. Wenn man dann noch weiß, daß dieser elffache Großvater eine akademische Ausbildung, ein erfolgreiches Erwerbsleben und immerhin 78 Lebensjahre hinter sich hat, dann ist sein unermüdliches Wirken noch erstaunlicher.

„Ich muß wohl zu viele Früchte der Universitätsweisheit genossen und dabei meine kosmischen Kräfte verdorben haben. Warum biegt sich die Rute bei mir nicht? Warum tut sie es bei den anderen?“ Während ich so vor mich hin dachte, schaute mich Esko Jalkanen wohlwollend an. Überhaupt hatte ich immer den Eindruck, daß er jeden Schüler so nimmt, wie er nun mal ist, ob begabt oder unbegabt, und daß er auf jeden eingeht.

Wir diskutierten nun und stellten Fragen. Es wurden wieder ganz praktische Themen angesprochen: die biologische und biologisch-dynamische Landbauweise und ihre segensreichen Wirkungen auf die Bioenergie, die Probleme der Aufforstung nach den lappländischen Kahlschlägen und Waldbränden, die Wirkungen der Birkenasche und die Meeresalgen mit ihren großen Mengen an Spurenelementen. Wir lernten die Eigenschaften des groben, kristallinen Meersalzes kennen: eine Handvoll auf den Acker, eine Prise ins Kochwasser, und die Kräfte steigen. Alles wird mit der Rute nachgemessen.

Jeder Mensch kann heilen und helfen

Am nächsten Tag arbeiteten wir dann sieben Stunden an den Fragen, die mit den Heilungsprozessen zu tun haben. Wir lernten, daß die guten geistigen Mächte – Engelwesen, hohe Elementargeister, Schutzgeister – alle mit einer Bitte angesprochen werden sollten. Hier ist die menschliche Aktivität wichtig, denn diese Wesen respektieren die Freiheit des Menschen. Und sie werden nur aktiv, wenn der Mensch sie darum bittet!

Die Formeln, die wir nun mühsam lernten, müssen genau eingehalten werden. Denn ein Fehler könnte sich schädlich auswirken, könnte auch in Bereichen schaden, die man überhaupt nicht im Blick hat, vielleicht nicht einmal kennt.

Aus der Volkskunde kenne ich die sogenannten Gotteskrankheiten, die auch der mächtigste Schamane nicht heilen konnte. Gegen sie war kein Kraut gewachsen. Sie wurden etwa so aufgefaßt, daß sie dem unergründlichen göttlichen Willen oder dem Schicksal entsprachen und der Mensch sich ihnen letztendlich ergeben mußte. Auch in der Kalevala ist im 17. Gesang vom gottgesandten Siechtum und vom Tod, den Gott verordnet hat, die Rede. Im Kurs sprachen wir darüber und erfuhren von Esko Jalkanen nun mehr über die vielen verschiedenen Ursachen der Krankheiten. Seine Heilungsworte haben insbesondere Macht über die Krankheiten, an deren Entstehung der Mensch durch seine Taten, seinen Willen, seine innere Einstellung und seinen Lebenswandel entscheidend mitgewirkt hat.

Dabei lernten wir auch, daß jeder negative Gedanke ein durch den Menschen erzeugtes, unnötiges Leiden in die Welt setzen kann. An dieser Stelle wurde mir klar, wie wichtig es ist, die eigenen Gedanken beherrschen zu lernen: Alles, was der einzelne Mensch an niederträchtigem Neid, an Mißgunst, Haß, Lügen, übertriebenem Ärger und Grübeln in sich trägt, hat auch krankmachende Wirkungen in der Welt. Der Mensch schadet sich selbst und anderen, wenn er solche negativen Gedanken und Gefühle hegt. Das gleiche gilt aber auch umgekehrt: Alle guten Gedanken und Gefühle wirken gesundend auf den Menschen und die Welt. Liebe, Mitleid und Gewissen sind dabei die Schlüsselworte, die die menschlichen Grundfähigkeiten bezeichnen, deren Ausbildung heute ganz besonders notwendig ist.

Wenn ich auch in dieser Zeit des Kurses den Umgang mit der Wünschelrute nicht gelernt habe, dann doch ganz gewiß eines: Das Heilen ist eine höchst moralische Angelegenheit! So darf der Geistheiler auch niemals einen Arzt an seiner Arbeit hindern oder dem Patienten falsche Hoffnungen machen. Der Arzt muß den Unfallverletzten helfen, operieren, Krebsgeschwüre entfernen usw., muß die ihm zur Verfügung stehenden Mittel einsetzen, die helfen können, eine Krankheit zu überwinden. Und der Geistheiler darf die Kraft, die ihm zur Verfügung steht, zusätzlich geben.

Aber auch jeder andere Mensch kann sich besinnen und konzentrieren. Und jeder gute Gedanke, den ich senden kann, hilft – auch wenn ich kein Schamane bin.

Im Einklang mit der Natur

Zu den Texten von Esko Jalkanen

Sirkku Lumioksa

Die nach diesem Einleitungsbeitrag folgenden Texte von Esko Jalkanen stammen aus dem Buch „Luonnon salaiset voimat ja niiden käyttö 2" (Die geheimen Kräfte der Natur und ihre Anwendung 2. Jyväskylä 1996.). Jalkanen hat inzwischen acht Bücher veröffentlicht. Viele sind vergriffen.

Es werden hier einige ausgewählte Kapitel präsentiert, um ein wenig die Publikationstätigkeit Esko Jalkanens vorzustellen. Diese kleinen Kapitel sind hier in fünf Themengruppen gegliedert: das Weltbild, das Kräftewirken in der Natur, die Geistwesen, das Böse und das Heilen. Sie werden in der Reihenfolge des Originaltextes präsentiert, jedoch stellen sie nur eine kleine Auswahl aus 85 Kapiteln dar. Die Kapitel sind im Original nicht nach Themengruppen gegliedert, sondern erscheinen dort in einer fortlaufenden Kette. – Auslassungen in den einzelnen Kapiteln habe ich in meiner Übersetzung kenntlich gemacht.

Es erscheint mir notwendig, vorab einiges zu den Texten von Esko Jalkanen zu erläutern. Theosophische, anthroposophische und naturwissenschaftliche Begriffe werden von ihm in seinen Büchern ebenso benutzt wie Begriffe der finnischen Mythologie. Letzteres ist ganz natürlich, denn Begriffe wie Horna, Mörkö, Tomte, Haltia usw. sind ganz selbstverständliche Bestandteile der finnischen Sprache, die aber nicht so ohne weiteres zu übersetzen sind.

Jedes Kind kennt diese Begriffe zumindest aus den Märchen, die im Kindergarten erzählt werden. Durch die Aussagen Esko Jalkanens bekommen diese Begriffe weitere Dimensionen. Er greift auch weit in die ursprünglichen Entstehungszeiten dieser Worte zurück, die nur mühsam und lückenhaft von der Universitätswissenschaft erhellt werden, obwohl eine ganze Reihe von Forschern sich ständig darum bemüht und ihre stets vergleichenden Studien nicht nur in Finnland, sondern in der gesamten finno-ugrischen Welt durchführt.

Die Knappheit

Für den deutschen Leser wird die Kürze dieser Kapitel auffallend sein. Hier findet man keine Spur von dem Stil, der die Texte Steiners oder die der finnischen Theosophen am Anfang des 20. Jahrhunderts prägte. Vielleicht wird der Leser, der sich auf dem mühsamen Erkenntnispfad des Studiums der Steiner-Texte befindet, sich enttäuscht fühlen: „So wenig, so einfach? Ist das alles?"

Da kann vielleicht ein kleines Bild helfen: Esko Jalkanen schreibt für die Menschen, die in den Filmen von Aki Kaurismäki geschildert werden, also für ganz normale Finnen. Viele Europäer sind begeistert von der lakonischen Stille dieser Filme, die über das finnische Leben erzählen. In dieser Welt an der arktischen Kante Europas redet der Mensch wenig. So wurde der Roman-Bestseller des Jahres 1999 in Finnland durch seinen ersten Satz bekannt. Dieser Satz lautet: „Pyrytti." Übersetzt heißt das: „Es schneite heftig."

Diese Welt zeigt sowohl in der Sprache als auch in allen kulturellen Bereichen eine durchdachte Knappheit. In der lange herrschenden eisigen Kälte ist jede Bewegung, jede Arbeit, jede Tat so zu durchdenken, daß möglichst wenig Energie vergeudet wird. Dieses ist der Ursprung des finnischen Lebensstils, des bekannten finnischen Designs und der Architektur. Alle diese Äußerungen haben vieles gemeinsam mit der japanischen Kultur, und es bestehen – nicht ohne Grund – intime Zusammenhänge.

Die Be (= Bioenergie)

Esko Jalkanen benutzt in seinen Texten ein Kürzel: Be. Die Bedeutung ist: Bioenergie. Er unterscheidet zwischen zwei Arten dieser Energie: geistige und physische Bioenergie. Es ist eine Eigentümlichkeit Jalkanens, in seinen Texten nicht jeweils die Unterschiede zu benennen. Er setzt voraus, daß der aufmerksame Leser versteht, welche Art von Be gemeint ist. Die Be hat eine große Bedeutung für seine gesamte Heiltätigkeit. Während einer Telefonsprechstunde stellt er stets zuerst fest, welche Zahlen diese Be bei einem Patienten zeigt. Diese Zahlen sind ein Ausdruck der Größe bzw. Stärke der Be.

Während seiner Kurse ist es möglich zu lernen, wie die Be zu messen ist. Der Anfänger benutzt die Wünschelrute oder ein Pendel. Nach einiger Zeit – so Jalkanen – werden sich ihm diese Zahlen durch Übung auch ohne Hilfsmittel offenbaren. Sie kommen direkt aus der Naturerinnerung. Esko Jalkanen hat jedoch erzählt, daß es nicht mehr als ca. 100 Personen in Finnland gibt, die diese direkte Anschauung der Zahlen beherrschen. Dies setzt selbstverständlich eine hohe moralische Haltung voraus. Der Sehende schaut nun die Gesundheitszustände der Menschen, aber auch die geistigen Qualitäten offenbaren sich langsam. Und stets ist er aufgefordert zu helfen.

So wendet sich ein solcher Mensch mit einer Bitte an die geistige Welt, wenn er einem Kranken, einer Schwangeren oder kleinen Kindern begegnet. Verschiedene Situationen werden unterschiedlich behandelt. Und für jede Situation gibt es eigene Formeln und Worte. Esko Jalkanen wendet sich an verschiedene Ebenen, an verschiedene gute Wesenheiten, die sich ihm einmal mit der Mitteilung offenbart haben, daß man ihre Kräfte zur Hilfe bekommen kann.

Es scheint, daß Esko Jalkanen immer wieder neue derartige Offenbarungen hat, die er dann in seinen regelmäßig wiederkehrenden Kursen seinen Schülern mitteilt. Jeder kann diese Kurse besuchen. Die einzige Voraussetzung ist Interesse, und daß man etwas Sinnvolles in dieser Arbeit sieht!

Jalkanen betont, daß es wichtig ist, Schwangeren, kleinen Kindern und Alten Kräfte in dieser Weise zuzuführen, denn in unserer Zeit gibt es viele negative Einflüsse, die die Ätherkräfte des Menschen aufsaugen und schwächen.

Diese Tätigkeit der Helfer ist meist nicht zu erkennen. So kann der Helfende jederzeit wirken: z.B. auch auf Spaziergängen und während er im Bus oder im Flugzeug sitzt. Man könnte dies mit einer Gebetshaltung gegenüber der Welt und den Mitmenschen vergleichen. Dabei behält der Helfende sein volles Tagesbewußtsein. Es sind also keine dramatischen Schamanenreisen nötig. Das hängt mit der gesamten Bewußtseinsentwicklung der Menschheit zusammen. So ist der Helfende keineswegs weltfremd. Er geht seinen normalen Tätigkeiten mit voller Kraft nach und hat dabei vielleicht ein wenig mehr Zeit für seine Mitmenschen.

Durch die Erkenntnisarbeit und die Auseinandersetzung mit dem Bösen lernt so ein Mensch auch die Wirkungsweisen des Bösen erkennen – langsam, arbeitend –, und er kann auch hier, wenn seine diesbezüglichen Kräfte steigen (geistige Be), immer mehr den Zugang zu denjenigen Wesenheiten finden, die dann das Gute zur Hilfe einsetzen können.

Er weiß, daß er nur helfen darf, wenn er vollkommen gesund ist, da er sonst die Kräfte seiner Patienten aufsaugen könnte. In einem Kapitel des Buches wird auch betont, wie wichtig es ist, beim Aufsteigen dieser Kräfte bestimmte Fragen unberührt zu lassen. Alles was gelernt ist, darf nur und ausschließlich für die Hilfeleistungen benutzt werden. Jedes „Schnüffeln" in den intimen Angelegenheiten der Mitmenschen ist strengstens verboten. Es läßt die eigenen Kräfte schwinden, bis sie auf die negative Seite sinken. Was dort geschieht, wird im Kapitel „Das Böse" geschildert.

Die Be in der Natur

Durch die Lektüre über die Bioenergie ist es mir – nach so vielen Jahren in Mitteleuropa – klargeworden, wie es uns allen, die im arktischen Bereich der Erde groß geworden sind, möglich war, gesund und ohne Mangelerscheinungen durch den langen Winter zu kommen.

Vom Beginn des Novembers bis Mitte Februar erlebt dort jedes Schulkind, wie nach der dritten Unterrichtsstunde ein schmaler rötlicher Streifen am Horizont entsteht. In der vierten Stunde ist es möglich, den Sonnenaufgang aus dem Klassenzimmerfenster zu beobachten. Wenn es nicht gerade schneit, ist es zur Mittagspause taghell. Und wenn der Schüler mit den Hausaufgaben fertig ist, warten auf ihn von Mond und Sternen beleuchtete Skiloipen und Rodelbahnen, die natürlich heute im Bereich der Großstädte auch künstlich beleuchtet werden. Die Natur verleiht Schönheit und Schneefreuden. Es sind aber auch Temperaturen bis zu –54° C (im Jahre 1999 in Ivalo) zu ertragen und Unmengen von Schnee wegzuräumen, wodurch das Leben an sich sehr anstrengend wird.

Der Körper braucht mehr Wärme, Flüssigkeit, Kalorien und Vitamine zum Ausgleich der Dunkelheit und Kälte. Jeder Arzt weiß das. Und dennoch gibt die karge Natur nur einen Bruchteil von den Nahrungsmitteln her, die man sonst in der Welt bekommt. Grüne Bohnen, Porree, Tomaten, Gurken, Paprika haben kaum die Möglichkeit, in der kurzen Sommerzeit reif zu werden. Diese Gemüsesorten müssen meist importiert werden.

Alles, was von Mai bis August wächst, muß für den Winter konserviert, im Keller gelagert, getrocknet oder gesalzen werden. So besitzt heute ein normaler finnischer Haushalt eine große Gefriertruhe. Dort wird all das gesammelt, was in früheren Zeiten nur mühsam durch den Winter gebracht werden konnte.

Jalkanen schildert, wie die Be der einzelnen Produkte in bestimmten Situationen steigt. So ist es mir möglich nachzuvollziehen, was alles mit den Lebensmitteln meiner Kindheit geschah.

Die Fische wurden geräuchert. Die Pilze, die wir während vergnüglicher Herbstausflüge in großen Mengen aus dem Wald holten, wurden in Meersalz eingelegt oder getrocknet. Jedes Familienmitglied nahm einen großen Korb auf diese Ausflüge mit, in dem viele kleine Behälter steckten: einer für Pfifferlinge, einer für Steinpilze, einer für Preiselbeeren, einer für Moosbeeren usw.

Preiselbeeren wurden nur gestampft und im eigenen Sud in einem Steintopf aufbewahrt, der mit einem Stein verschlossen wurde. Sie enthalten genügend Pektin, um durch den Winter zu kommen. Ebereschenbeeren, Waldhimbeeren, die kleinen Walderdbeeren, Multibeeren und Blaubeeren dienten als Herstellungsgrundlage der Säfte, die wir jeden Tag tranken. Alles wurde zu Hause mühsam hergestellt.

Jedes Kind wußte aus eigener Erfahrung, daß eine Moosbeere Frost bekommen muß, um ihr volles Aroma zu entfalten. Im Frühling, nach und während der Schneeschmelze, schmecken sie am süßesten. Auch die unglaublich aromatischen, schwarzen Pfifferlinge brauchen Frost. Sie kommen erst nach den ersten grimmigen Frostnächten Ende September, Anfang Oktober aus dem Moorboden. Sie sind nur mit der Nase zu finden, denn sie verstecken sich gut im Moos. Diese späten Pilze der skandinavischen Moore sind die letzte frische Nahrung, bevor der lange Winter alles mit Schnee bedeckt. Gerade sie sind die besten, kostbarsten Pilze der nordischen Gourmets. Ob es tatsächlich so ist, daß ihre Be durch die Kräfte des Frosts gestiegen ist?

Auch die von Jalkanen geschilderten Birkenblätter und Tannenjährlinge gehörten zu unserer Nahrung. Nur die Einzelheiten über die Bioenergie waren uns unbekannt.

Birkenasche

Die Anwendung der Birkenasche in ihren vielen Formen war meinen Großeltern noch bekannt. Die Asche wurde in dem hauseigenen Saunaofen hergestellt, für den die Birkenscheite, die zum Heizen benutzt wurden, sehr genau ausgesucht wurden. So war die Wirkung auch für die Badeatmosphäre sehr prägend. Das Säen der Birkenasche war für meinen Großvater ein Ritual, das er von einem alten Gärtner gelernt hatte. Diese Anwendung ist auch in Mitteleuropa vielerorts bekannt.

Wenn die Zeit zur Aussaat der Birkenasche gekommen war, besaß der Schnee eine harte, kristalline Qualität, die in jedem Frühling durch die Schmelzprozesse am Tag und die immer wiederkehrenden Frostnächte die ganze Schneefläche von unten nach oben durchzieht. Die verschiedenen, im Laufe des Winters heruntergefallenen Schneeschichten waren durch Dichte und Verfärbungen gut zu unterscheiden. Dieses Phänomen kennen die Finnen unter dem Namen Keväthanki. Manchmal ist dadurch eine meterdicke Schneeschicht so hart, daß man mühelos mit einem Auto darüberfahren kann.

Anthroposophisch interessierte Leser kennen vielleicht die Möglichkeit, Kristallbildungen phänomenologisch zu studieren. Um Esko Jalkanen und seine Schilderung der steigenden Kräfte des Frühlings zu verstehen, kann man versuchen, sich in eine Zeit von Anfang März bis Ende Mai zu versetzen. Dabei muß man sich zusätzlich in die arktischen Wälder versetzen.

Im Februar – Helmikuu = Perlenmonat – hat der Schnee dicke Schichten auf den Dächern gebildet. Die ersten Strahlen der Frühlingssonne lassen nun kleine Wasserperlen entstehen. Es bilden sich die ersten Eiszapfen an den Dachrändern und darunter eine perlenartige Schicht auf dem Schnee auf der Erde. Bis zum März – und weiter bis zum Mai – tropft es nun überall am Tage. Diese kleinen Schmelzwasserbächlein sind aber kaum in die Erde eingedrungen – die bis zu 2 m tief gefroren ist –, wenn sie wieder zu kleinen Eiskristallen werden müssen.

Die Nächte sind sehr kalt! Nacht für Nacht, Tag für Tag wiederholt sich dieser Prozeß. Die Kraft des Frostes bildet Kristalle, die am Tage immer wieder schmelzen. Manchmal werden die Schmelzphasen länger, manchmal kommen längere Frostperioden. In dieser Zeit sät der Gärtner nun die wohlausgesuchte Birkenasche, und die Kristallkräfte werden dadurch mit den mineralischen Kräften verbunden.

Die Asche kann auch mit anderen Kristallen zusammenwirken: Esko Jalkanen empfiehlt – als gelernter Gärtner –, ein Kilo Meersalz auf einem Ar Land zu säen. Hier muß man aber darauf hinweisen, daß der finnische Boden keine eigenen Salzvorkommen hat. In Mitteleuropa ist das anders!

Auch die medizinische Anwendung wird von Esko Jalkanen kurz geschildert. Diese ist in Finnland weit bekannt. Inzwischen ist saubere Birkenasche in jedem Reformhaus zu bekommen. Bei Mangelerscheinungen hilft eine Messerspitze am Tag. Birkenasche enthält 44 Spurenelemente, japanische Meeresalgen sogar ca. 70. So kann es auch sinnvoll sein, letztere zu benutzen.

Für mich wäre es auch interessant zu wissen, ob auch außerhalb Finnlands Granit oder Quarzsteine in frostgefährdete Getreidefelder gelegt worden sind. Dies ist eine alte Tradition in Österbottnien. Die Steine speichern am Tag so viel Wärme, daß sie ein Feld vor Nachtkälte schützen können. Es kann in Finnland nämlich passieren, daß die Temperaturen schon im Sommer nachts unter 0° C sinken!

Mörkö

Die Begegnung mit Mörkö gehört zu meinen ersten Kindheitsjahren. „Wenn du nicht brav bist, kommt der Mörkö und frißt dich auf", drohten meist die älteren Spielkameraden. Spätestens als Zweitklässler war es aber an der Zeit, einen solchen Märchenglauben abzulegen.

Dennoch ist Mörkö der Inbegriff aller unerklärlichen Angstzustände, die in der Dunkelheit lauern. Wer kennt nicht das schauerliche Gefühl an einem einsamen, unbekannten, dunklen Ort: „Da ist doch jemand, hinter mir ...!?" Das Gefühl bleibt aber irrational. Die Ahnung wird nicht durch die Realität bestätigt. Unsere Kindheit war viele Monate im Jahr von Dunkelheit und Einsamkeit geprägt.

Mörkö wird in vielen Mythen und Märchen dargestellt. Er ist ein großer, dunkler Hüter, der keinem physisch drohen kann, der aber diese geschilderten Angstzustände entstehen läßt. Die finnische Landkarte kennt viele Orte, die Mörkökorpi (= Wald des Mörkö), Mörkökallio (= Felsen des Mörkö) usw. heißen.

Ein Autofahrer, der von Trelleborg nach Stockholm die E 4 entlangfährt, bemerkt auch ein Wegschild 140 km südlich von Stockholm. Dort steht mit großen Buchstaben: MÖRKÖ. Jeder Finne amüsiert sich stets prächtig bei dieser Begegnung. Da spielt uns aber die schwedische Sprache einen Streich, denn das schwedische Mörkö besteht aus zwei skandinavischen Worten: Mörk (= dunkel) und Ö (= Insel). Es ist natürlich nicht auszuschließen, daß dieser märchenhaft anmutende Ort auch solche Naturwesen beherbergt.

Auch die neuere Literatur kennt Mörkö. Hier erwähne ich einen, nicht nur für deutsche Leser bekannten Fall: Die finnische Malerin und Schriftstellerin Tove Jansson schuf vor vielen Jahrzehnten die in mehrere Sprachen übersetzten Kinderbücher über die Mumins. Inzwischen hat ein japanischer Verlag die Hauptrechte gekauft und auch die Originalfarben und -gestalten ein wenig geändert, sehr zum Leidwesen finnischer Kunstliebhaber.

In Tove Janssons Büchern ist Mörkö ein eiskaltes Wesen, das in ewige Einsamkeit gebannt ist. Er ist sich selbst darüber schmerzhaft bewußt, daß überall, wo er sich nur hinsetzt, die Erde gefriert. Alles, was er anfaßt, erstarrt zu Tode, genauso wie der Mensch sich bei diesen seltsamen Angsterfahrungen fühlt.

Der Mörkö – Morra in der Übersetzung – kann niemals Gesellschaft finden, obwohl er danach sucht und sich danach sehnt. Nur der mutige Mumintroll traut sich in seine Nähe, muß aber wegen des eisigen Windhauchs zurückschrecken, der von Morra ausgeht.

So ist Tove Janssons Morra mit den gleichen Gefühlen, Instinkten, Erzählungen und Mythen behaftet, die die alten Mörkö Finnlands auszeichnen. Die Bilder Janssons stammen auch vielfach aus Naturbeobachtungen. Man kann sich vorstellen: Auf der, an einem frühen Septembermorgen gefrorenen kleinen Fläche im Garten saß Morra während der Nacht. Vielleicht sind diese Erzählungen so beliebt geworden, weil sie tatsächlich das allgemeine Gefühl der Menschen widerspiegeln.

Horna

Meine völkerkundlichen Kenntnisse reichen leider nicht aus, um sagen zu können, ob andere Gebiete, Sprachen und Völker den Begriff Horna kennen. Für die Finnen ist Horna etwas Bekanntes. Das neufinnische Wörterbuch kennt sieben verschiedene Anwendungen für das Wort. Horna ist die Behausung des Bösen im allgemeinen oder die des Teufels. Dabei gibt es zusätzlich ein Wort für die später eingeführte christliche Hölle: Helvetti – man sieht, daß dieses Wort ein schwedischer Import ist.

Ein Mensch, der sich über seinen Mitmenschen ärgert, kann diesen in die „Tüte des Horna" wünschen. So kann man gelegentlich in einer schlimmen Situation jemanden schreien hören: „Painu Hornan tuuttiin." Die Tüte des Horna ist eine Art schultütenförmiges Gebilde, das heutzutage mehr in der geistigen Vorstellung als in der Erde lokalisiert werden kann.

Horna ist aber nicht nur die Hölle, sondern auch der Teufel selbst. In der Literatur gibt es viele interessante Anwendungen dieses Begriffs, die letztlich aus dem Sprachgebrauch der verschiedenen Dialektbereiche Finnlands stammen. So deuten z.B. die Feuerstelle des Horna (= Hornan pätsi) oder die Felsen des Horna (= Hornan kalliot) auf das Grausige der christlichen Höllenvorstellungen.

Horna muß ein altes Wort sein, denn die Volksdichtung kennt es genauso. So benutzt Esko Jalkanen einen Begriff für seine Ausführungen, die den Vorstellungen sehr nahekommt, die ein ganz normaler Finne haben kann. Nur das Ausmaß der Kräfte des Bösen läßt mich persönlich schaudern. Wie oft wurde ich von meinen Mitmenschen in Finnland in diese Tüte gewünscht, als ich in meiner Kindheit irgendeine dumme Bemerkung machte!

Die geheimen Kräfte der Natur

Esko Jalkanen*

I. Zum Weltbild

Das Universum

Das Universum ist unermeßlich weit und grenzenlos. Es wird durchdrungen von dem Gottesgeist, den man auch den Heiligen Geist nennt. Planeten werden in diesen unermeßlichen Raum hineingeboren. Und es ist auch möglich, daß sich dort Leben befindet.

Die Bedeutung des Lebens liegt darin, sich zur Gottheit zu wenden und zu entwickeln sowie sich eines Tages mit ihr zu vereinen, oder anders ausgedrückt: ins Nirwana zu kommen.

Jede Materialisierung der Erde als Planet bringt eine Menschheit hervor, insgesamt siebenmal. Die Zeit zwischen diesen Materialisierungen beträgt Milliarden von Jahren. [...]

Das Dasein in einer materiellen Form ermöglicht die Entwicklung. Die Grunddaseinsform allen Seins ist die ätherische Ebene. Dorthin dematerialisiert sich der physische Stoff, nachdem er genutzt wurde. [...]

Am umfangreichsten geschieht die Dematerialisierung in den schwarzen Löchern, wo es sogar möglich ist, daß ganze Teile der Galaxien in die ätherische Ebene verschwinden. [...]

Die ätherische Welt

Die ätherische Welt besteht aus einer Substanz, deren gröbstes Partikelchen nur etwa 1/100.000 der Größe eines Wasserstoffatoms hat. Die ätherische Substanz ist die aufrechterhaltende Kraft alles Lebendigen.

* Übersetzung von Sirkku Lumioksa. Die Texte sind entnommen aus: Esko Jalkanen: Luonnon salaiset voimat ja niiden käyttö 2. (Die geheimen Kräfte der Natur und ihre Anwendung 2) Jyväskylä 1996. Der Abdruck erfolgt mit freundlicher Genehmigung Esko Jalkanens und des Atena-Verlages, Jyväskylä. – Siehe dazu auch den voranstehenden einleitenden Beitrag von Sirkku Lumioksa.

Die ätherische Welt beinhaltet Leben und sehr viele Wesen, von den Naturgeistern bis zu den Engeln. Die Elementarwesen kommen aus der astralen Welt. [...]

Die Kräfte der Ätherwelt halten die Materie zusammen. Wenn dieses nicht so wäre, würde sich die Materie dematerialisieren. Zwischen der physischen Materie und der ätherischen Substanz [auch: „Ätherstoff", „ätherische Materie"] gibt es eine kontinuierliche Fluktuation durch Materialisierung und Dematerialisierung. Das gehört zum kosmischen Dasein. [...] Das ganze Grunddasein des Universums bildet sich aus der Ätherwelt.

Die Ätherwelt ist gefüllt mit Informationen, die sich auf verschiedenen Wellenlängen bewegen. Dort gibt es auch Humanoiden, die verschiedenen Stadien der Menschheit entstammen. Die edelsten von ihnen wirken auch auf allen höheren Ebenen.

Die sich auf der ätherischen Ebene befindenden Kräfte können in der Zukunft vom Menschen genutzt werden. [...]

Es gibt nichts Neues

Das Dasein als Ganzheit ist ohne Alter, auch die dazugehörige Naturerinnerung. Vor dem Hintergrund dieser Alterslosigkeit gibt es nichts, was wirklich neu sein könnte. Wenn jemand eine „neue Sache" erfindet, kommt dieses Wissen aus der Naturerinnerung zu ihm, entweder mit der Hilfe eines guten oder eines bösen Helfers. Ein böser Helfer wendet die Sache für die Natur zum Negativen. [...]

Man sollte sich um die Absicherung des eigenen Wissens bemühen. Man darf auch sagen: „Ich bitte meinen höchsten Helfer, daß das Wissen, das ich erhalten habe, richtig ist!"

II. Kräftewirken in der Natur

Vom Geheimnis der Jahreszeiten

In einem Trinkglas befindet sich Sommerwasser aus dem See Päijänne in Finnland. Die Be des Wassers ragt ca. 8 cm über das Glas hinaus. Wenn dieses Seewasser sich auf 9° C abkühlt, beginnt die Be zu wachsen. In dem Moment, in dem das Wasser nur noch 4° C warm ist, in dem Moment also, in dem das Wasser am dichtesten erscheint, ist seine Be auf 18 cm gewachsen. Und wenn das Wasser friert, steigt die Be auf 28 cm. Wenn nun das gleiche Eis wieder schmilzt, wächst die Be weiter, nun beträgt sie 37 cm.

Der Wechsel der Jahreszeiten schafft für die nordischen Regionen unermeßlich viel Energie, was das Leben auf dem Land und im Wasser vielfältig und stark macht. Die Zugvögel kommen, um inmitten solcher starken Kräften zu nisten. In den Regionen, in denen diese Vögel überwintern, sind diese Kräfte höchstens ein Zehntel so stark wie in den Polargebieten. – Die Gruppenseelen der Vogelarten lenken jeweils den Vogelzug.

Die Fische laichen ganz nah am Ufer in einem starken, kraftvollen Schmelzwasser. Die Tatsache, daß die Fischeier möglicherweise beim Niedrigwasser auf dem Trockenen bleiben könnten, bedeutet in diesem Prozeß nur wenig. Das Laichen der kleinen Sprottenart Muikku [= Maräne, kleine Binnengewässersprotte] gelingt in Finnland gut in kalten Herbstzeiten, in denen dichtes, nur 4° C warmes Wasser die Laichstellen dieser Fische umgibt.

So kann man es sich vorstellen, welch ein Kraftwerk eine einzige, aus dem schmelzenden Schnee hervortretende Moosbeere für einen Kranich nach einer langen Reise bedeutet!

Es verwundert, daß die Wissenschaftler die unermeßlichen Kräfte des Frühlings nicht erkannt haben. Oder vielleicht haben es schon viele erkannt, nur der wissenschaftliche Beweis dieser Kräfte gelingt nicht mit den Methoden, die zur Verfügung stehen.

Wer könnte erzählen, welche mächtigen Kräfte sich in einem kleinen Mäuseöhrchen – so nennen die Finnen ein kleines sprießendes Birkenblatt – verbergen? Nur das Volk weiß, daß es möglich ist, diese Kräfte zu sammeln und aufzubewahren, z.B. in einer Flasche, so viel nun mal hineinpaßt. Als Konservierungsmittel sind entweder Wodka oder Spiritus möglich. In der gleichen Weise ist es möglich, die Jahreszweiglein der Tannen und Fichten zu konservieren. Diese sind noch stärker als die Birkenblätter.

Die Kräfte des Frühlings können auch durch das Trocknen aufbewahrt werden. In diesem Fall ist es wichtig, daß der Prozeß von der

Natur selbst getragen wird und nicht mit einem technischen Apparat gemacht wird.

Ein kleines Beispiel: Die Be des sprießenden Birkenblattes reicht 20 cm in jede Richtung. In dem Moment, in dem die Frühlingsluft 30 % Wasser von dem Blatt entfernt, wächst die Be um mindestens 20 cm. Vollkommen trocken behalten diese Blätter ihre Kraft in einem Papierbeutel oder in einer Blechdose sogar ein paar Jahre. So sind nur ein paar solcher Birkenblätter im Tee eine vortreffliche Kraftquelle.

Die Be eines Hechtes im Frühling ist 30 cm. Dagegen hat ein Sommerhecht, der sich nur langsam bewegt, nur zwei Drittel von dieser Kraft. Reichliche Hechtfänge im Frühling sind vorteilhaft. Es lohnt sich, diese Fische in der Frühlingsluft unter einem Dach zu trocknen. So wächst die Be bis hin zu 60 cm. Das grobe und halbgrobe Meersalz sind Wundermittel, über die ich in meinen anderen Bücher erzählt habe. Wenn man nun diese Hechte oder Filets über Nacht in Meersalz legt, ist die Be auf 150 cm gestiegen. So ist diese Fischspeise Medizin geworden. – Es ist auch erlaubt zu sagen, daß ein Särki [= Rotfeder] – ein Fisch, den die Finnen nicht sehr schätzen –, der durch den gleichen Prozeß gegangen ist, sogar noch mehr Be besitzt: 180 cm.

Die Kraft des Regenwassers

Wenn die Temperatur des Regenwassers über 15° C steigt, ist seine Be sowohl in Finnland als auch in tropischen Gegenden 18–24 cm. Wenn die Temperatur 4° C beträgt, ist die Be 30–34 cm. Am Gefrierpunkt ist die Be 37–40 cm. Schnee von –1° C hat 45–48 cm Be, und bei –20° C wächst die Be auf 50–53 cm. Wenn der Schnee schmilzt, steigt die Be des Wassers auf 80 cm.

So steigert der Winter die Kräfte des Wassers und die der Natur. Wenn ein Tannenzweig am Anfang der Frostperiode eine Be von 50 cm hat, bewirkt eine Woche Schneelast, daß die Be auf 70 cm steigt. Diese Steigerung ist auch für das Nisten der Vögel vorteilhaft.

Die verschiedenen Stein- und Baummoosarten, die in einem nordischen Wald wachsen, haben eine Be von ca. 1 m. Wenn das Regenwasser diese Pflanzen umspült, steigt ihre Be um 18–40 cm. Diese Kraft ist notwendig für das ganze Leben in der Walderde.

Wenn Winterstürme gewaltige Mengen von Schnee mit sich bringen, steigen auch die Schwingungen einer Gegend von 1–30. Während der regenlosen Zeiten erzeugt die Vertrocknung eine umgekehrte Osmose in den Wachstumsprozessen. Dann steigt die Be. So sichert die Natur das Leben auch in Zeiten der Trockenheit.

Und der Mensch hat die Möglichkeit, in diese Ereignisse einzugreifen und an ihnen mitzuwirken.

Wer führt?

Lachse aus den verschiedensten Gegenden des Nordens verlassen ihre Geburtsorte und begeben sich auf eine Wanderung von einjähriger oder gar mehrjähriger Dauer. Sie kehren zum Geburtsort zurück, um zu laichen, fast ohne zu irren. Wer oder was führt sie?

Nachdem die Aale in den Binnengewässern geschlechtsreif geworden sind, steigen sie herunter in die Meere und begeben sich auf eine Wanderung über den Atlantik in die Sargassosee. Benutzen diese Fische die Sterne zur Orientierung? Wissen sie überhaupt, warum sie das tun?

Wenn man die Möglichkeit hat, einen im Frühjahr geborenen Muikku-Schwarm [= Maränen] zu beobachten, kann man sehen, wie die Bewegungen dieser winzigen, nur ein paar cm großen Fischlein ganz gleich und synchron sind. Wer führt sie eigentlich?

Einige Schildkröten verlassen die Küste Südamerikas, um zu der fernen Insel Ascension zu schwimmen und sich dort zu vermehren. Kann die Wissenschaft etwas über die Führung sagen?

Wenn ein männlicher Buchfink zum Nistort zurückkehrt, um den Nistplatz vorzubereiten, wartet er gleichzeitig darauf, daß sein Weibchen ein paar Tage später nachkommt. Wie findet das Weibchen eigentlich die Stelle?

Wenn sich eine unermeßliche Zahl von Zugvögeln auf die nordischen Gewässer verteilt, bis hin zur Arktis, funktioniert das System vortrefflich. Was ist eigentlich der Sinn dieser riesigen kraftraubenden Unternehmung?

Die Führer all dieser genannten Ereignisse sind jeweils mit kosmischer Intelligenz ausgestattete Gruppenseelen.

Ein Bergkristall

Ich habe in der verbotenen Stadt in Peking einen Bergkristall gesehen, dessen Durchmesser ca. 70 cm und dessen Länge ca. 1 m betrug. Wer plante eigentlich seine Größe in dem Moment, in dem er sich zu bilden begann? Wer oder was kümmerte sich um die Formgebung der Seiten und Ecken, und wer plante die Spitze und die Formen, die sich immer wiederholen?

Ist es doch so, daß wir erkennen müssen, daß jemand oder irgendeine Kraft die Möglichkeiten der Kristallbildung gelöst und danach die „Zeichnungen" oder einen ätherischen Code geschaffen hat? Der ganze Stein, von Anfang bis zum Ende, ist nach diesen „Zeichnungen" gebildet.

Die große Kraft der Kristalle ist sehr wertvoll für die ganze Natur. Die Be von diesem „Kaiserstein" beträgt z.B. 15 m.

III. Über Geistwesen

Mörkö

Mörkö ist ein böser Hüter. In ihm sind ein böses oder furchterregendes Gedankenwesen und ein Naturgeist als Lebensspender vereinigt. Das Gedankenwesen ist aus einem Willen geboren, einen Menschen oder eine Menschengruppe von einem bestimmten Gebiet zu verbannen. Es ist auch möglich, daß der Schöpfer eines Mörkö aus einem Naturreich stammt, es muß also kein Mensch gewesen sein.

Das Wort Mörkökorpi [= Wald des Mörkö] beschrieb früher eine Situation, in der z.B. zahlreiche Naturgeister ein bestimmtes Gebiet für sich schützen wollten. Sie schufen mit Hilfe ihrer Gruppenseele einen Mörkö. Auch andere Wesen, z.B. wilde Rentiere, konnten das Weidegebiet, das sie nutzten, mit einem Mörkö schützen. Auch sie schufen diesen mit Hilfe ihrer Gruppenseele.

Heutzutage sind Mörkös aufgrund der schlechten Behandlung der Natur durch den Menschen nicht mehr häufig anzutreffen.

Naturgeister und Humanoiden

Am Rande meines Gartens wohnen zwei Engelwesen, die sich aus den Naturgeistern entwickelt haben. Sie wohnen unter einer uralten Kiefer. [...] Ich habe einen täglichen Sprechkontakt mit ihnen. Die Menge des Wissens, das sie besitzen, ist außerordentlich groß. Sie benehmen sich weitgehend so wie normale Naturgeister, d.h. sie erzählen nichts von sich aus. Bis heute war ich nicht auf die Idee gekommen, nach Humanoiden zu fragen. Jetzt ändere ich das.

„Wir kennen die Humanoiden gut", antworten die Kalevala-Greise, wie ich sie nenne. „Humanoiden sind Bewohner der ätherischen Welt, so wie wir auch, aber sehr viel intelligenter. Sie haben eine lange Entwicklung als Menschen hinter sich.

Wir Naturgeister werden von Gruppenseelen geführt [...]. Früher, als wir mit den Menschen zusammengearbeitet haben, haben wir keine Fehler gemacht. Denn durch die Gruppenseele sind wir in Verbindung mit der kosmischen Intelligenz.

Die Naturgeister verbindet miteinander die Liebe. Das ist eine Eigenschaft, die die erste Stufe der Humanoiden scheinbar nicht hat. Die vorangegangene Entwicklung der Humanoiden als Menschen war durch Streitigkeiten geprägt.

Wir können uns nicht materialisieren wie die Humanoiden. Aber zum Glück gibt es sensible Menschen, die uns sehen können.

Wir haben einen großen Vorteil. Denn wir können auch die höheren Humanoiden wahrnehmen: Brüder des zweiten Daseins, wie Esko sie nennt. Sie machen sich große Sorgen um die Erde. Wir sind der Meinung, daß Menschen ihre Beziehungen zu den Naturgeistern verbessern sollten – zu den andauernd Aufbauenden der Erde –, damit die Freunde des zweiten Daseins, unsere Freunde, Menschen und Naturgeister zusammen die Mutter Erde pflegen können."

Diese Naturgeister-Engel oder Kalevala-Greise sind ein sehr merkwürdiges Freundespaar. Warum es zwei von ihnen gibt, die sich auch noch so ähnlich sind, ist mir immer noch ein Rätsel. [...]

In der Praxis geschieht ein solches Gespräch zwischen zwei verschiedenen Welten wie durch Blitze, die in dem Moment zu verständlichen Sätzen werden, in dem sie in die dreidimensionale Welt eindringen.

Dies geschieht genauso im Ausland. Überall versteht man Finnisch! Die geistigen Gebiete besitzen eine umfassende Sprache, durch die es möglich ist, alle Mitteilungen zu verstehen. [...]

Die Kalevala-Greise wurden zuerst durch einen guten Freund von mir entdeckt. Er erzählte, daß er unter dem Baum zwei sehr einfache Naturgeister sah, die einen einzigen Wunsch hatten: allein und in Ruhe gelassen zu werden. Natürlich entsprachen wir dem Wunsch. Ein paar Jahre später sah eine sensible Dame sie wieder. Sie behauptete, diese Wesen ragten brusthoch aus der Erde, und sie hätten mir etwas mitzuteilen. – Was mochte das sein?

Es sollten noch Jahre vergehen, bis ich einen Sprechkontakt mit diesen Wesen bekam. Und es sollten noch weitere Jahre vergehen, bis ich begreifen würde, daß diese Wesen sehr hohe Vertreter ihres Naturreiches waren: Engel.

Man kann sagen, daß der westliche Mensch den Naturgeistern gekündigt hat. In den Wochen vor der Katastrophe von Tschernobyl kamen scharenweise Naturgeister nach Finnland, die zu einem großen Teil auch weiter nach Schweden flüchteten. Im Moment entleert sich Südschweden von Naturgeistern, denn der Fremdenhaß hat die Schwingungen dort sehr niedergedrückt. Aber es gibt für sie keine Möglichkeit, nach Rußland zurückzukehren, denn dort vermehren sich die Umweltgifte immer mehr. So gibt es bei uns einen sehr großen Drang zu allen Gebäuden, die sich nicht gerade in der Nähe einer Landstraße befinden.

Ich habe sowohl in Indien als auch in Argentinien auf Hochebenen erlebt, wie Naturgeister – etwa vier auf einem Ar – die Erde in Ordnung halten. Die örtliche Bevölkerung weiß dieses. So wird die Landwirtschaft nach den Bedingungen der Naturgeister durchgeführt. Es ist sogar möglich, ein wenig Kunstdünger zu benutzten, aber nur vorsichtig, so daß die Schwingungen nicht unter 30 sinken.

Die Hochebenen Argentiniens sind meist ödes Land, auf dem hier und da einige Hirten leben. Die Erde ist steinig, und in Finnland würde unter diesen Bedingungen gar nichts wachsen. Dennoch wachsen dort aus der Erde schöne Blumen und Kakteen, die 10 m hoch werden, wie um zu zeigen, daß das Unmögliche doch möglich ist. Ich saß dort viele Male auf einem Stein, bis ich die unglaubliche Möglichkeit der Naturgeister wahrnahm, die Erde zu erfrischen.

Es gibt seltene Texte, an deren Schluß die Kalevala-Greise eine allgemeine Bitte äußern: Sie bitten darum, daß Menschen wieder mit den Naturgeistern arbeiten sollen. Für diese Arbeit würde es kosmische Hilfe geben! Ich weiß, daß diese Bitte sehr ernst zu nehmen ist. Aber wer wäre bereit, mit dieser Arbeit anzufangen?

IV. Das Böse

„Ethnische Säuberungen"

Mit ethnischen Gruppen meint man Rassen, Völker oder religiöse Gruppen. Auch ein Teil solcher Gruppen kann als ethnisch bezeichnet werden. Ein solcher Teil sind z.B. die männlichen Muslime auf dem Gebiet, das von Serben bewohnt wird. Und ein ethnischer Massenmord kann das vollständige Zerstören des ganzen männlichen Geschlechts einer Gruppe zum Ziel haben, wie es in Bosnien war.

Die Entstehung einer Bereitschaft zum Massenmord dauert Jahre. Böse Gedanken verwandeln sich langsam zu einer klaren Absicht einer „ethnischen Säuberung". Das Volk bildet sich langsam ein riesiges Gedankenwesen. Das kosmische Böse wählt dazu einen mordlustigen Naturgeist aus, um einem solchen Gedankenwesen Leben zu geben. – So ist ein unermeßlich böser Hüter mit gewaltigen Kräften entstanden. Und so wie der positive Nationalhüter des finnischen Volkes die Finnen durch viele Stürme gelotst hat, so führte der schwarze Nationalhüter der Serben seine Truppe zu extremen blutigen Taten.

Menschen, die diese Morde mitgemacht haben, nehmen eine furchtbare Karmaschuld auf sich, insbesondere weil sie auch noch von Leidenschaft beflügelt gemordet haben. Wenn das ethnische Töten der Wille eines Volkes ist, ist die Karmaschuld groß und trifft das ganze Volk. Auch die Persönlichkeitsveränderungen der Mörder sind sehr umfassend. Und etwa drei Wochen vor Beginn solcher Taten sinkt die Be jedes zukünftigen, aktiven Teilnehmers auf die negative Seite.

So werden Mörder gemacht, und vielleicht nur 10 % dieser Menschen werden durch Helfer, die sich auf dem geistigen Pfad befinden, wieder auf die Seite der positiven geistigen Energien gehoben. Das Leben aller anderen wird nun schmerzhaft schwer und voller Störungen sein. Da es dennoch notwendig ist, daß auf diesem Gebiet wieder Frieden hergestellt wird, muß den Menschen irgendwie wieder zu einer Balance verholfen werden. In einer solchen Situation ist die geistige Hilfe Außenstehender die beste Lösung. Die Hilfe muß auf beide Parteien des Konflikts ausgedehnt werden, damit die Karmaschuld verringert werden kann.

Horna

Die Bestialität der Menschheit ist auf eine derartige Stufe gestiegen, daß es für das kosmische Böse möglich geworden ist, die Anzahl von Hornat [Plural] um 50 % zu steigern. So hat der Mensch selbst die Hornat hervorgerufen, die ihn und Mutter Erde belasten.

Hornat sind 7–100 m tiefe und 30–90 cm breite Stacheln in der Erde und im Wasser, auch in Ozeanen. Sie wirken nur innerhalb ihrer eigenen Form, nicht seitlich darüber hinaus.

Sie sind in der Lage, die menschlichen Bioenergiefelder innerhalb eines Augenblicks zu entleeren, z.B. wenn man darübergeht. Da der Mensch in seinem Ätherleib sehr beweglich ist, kann es passieren, daß die Entleerung der Energiefelder auch in dem Moment geschieht, wenn der Ätherleib des Menschen über ein Horna gerät.

Wenn ein Horna sich unter dem Bett befindet, ist es tödlich. Ein Horna zeigt sich durch das Immerwiederkehren der „bösen Augen", genauso wie ein Fluch, und die Kraft des Horna ist sehr groß.

Ein Horna ist mit einer Rute oder mit einem Pendel zu finden. Es ist unmöglich, ein Horna zu zerstören. Aber es ist möglich, einen Deckel für ein Horna zu erbitten. Ein Horna kann höchstens einen halben Meter von seiner Stelle weggerückt werden.

Ein Horna muß man erst wahrnehmen, erst dann kann man es behandeln. Die generelle Rehabilitation eines Objektes reicht nicht aus, um ein Horna zu behandeln.

Weiteres über die Hornat

Ich lernte die Hornat zuerst im Zusammenhang mit einer Krankheit der Ehefrau eines Freundes kennen. Sie war innerhalb von ein paar Jahren so sehr geschwächt, daß sie nur noch ein Schatten ihrer selbst war, obwohl alle möglichen medizinischen und auch alternativmedizinischen Therapien ausprobiert wurden.

Erst als sie gestorben war, konnte man erkennen – und das geschah ganz zufällig –, daß sich unter ihrem Bett ein runder, ca. 30 cm im Durchmesser großer Zerstörungsherd befand, den man als Horna identifizieren konnte.

Hornat sind mit einer Wünschelrute oder mit einem Pendel genauso leicht zu finden wie Wasseradern oder Orte für Brunnen. Es ist merkwürdig, daß ihre Wirkung für immer aufhört, wenn man für sie um einen Deckel bittet.

In der Natur gibt es Hornat normalerweise etwa alle 2 km. Es scheint, daß diese Stellen keinerlei erklärbare Regelmäßigkeiten aufweisen. Dennoch scheinen einige Erscheinungsformen des Bösen, z.B. Flüche, sogar mehrere Hornat in die Gebiete heranzuziehen, wo sie wirken. Es scheint eine klare Aufgabe eines Horna zu sein, einem Fluch Kraft zu geben und diesem eine bis zu Hunderten von Jahren andauernde Daseinsmöglichkeit zu geben.

Wer die Plazierung eines Horna steuert, ist ein Rätsel. Das Zerstören der Flüche ist nie leicht. Wenn man nur ein wenig das Ziel verfehlt, bekommt ein Fluch seine volle Kraft zurück. Dennoch öffnen sich Hornat, die man mit einem Deckel geschlossen hat, nie wieder.

Ich weiß aus Erfahrung, daß Hornat überall in Europa zu finden sind. Sie werden aber meistens nur bei uns in Finnland als solche erkannt. In jedem Land gibt es Menschen, die es verstehen, mit einer Wünschelrute umzugehen. Dennoch beschränkt sich dieses Können meist auf die Suche nach Erdstrahlen.

Die Folgen der Tötung eines Schwanes

Das Schießen eines Schwanes ist für den Menschen von karmischer Bedeutung. Da Singschwäne heilige Vögel sind – zumindest für die Finnen –, sind Hüter [= Haltia] zu ihrem Schutz entstanden. Zur Zeit gibt es fünf Hüter für verschiedene Regionen. So bedeutet das Töten eines Schwanes zugleich einen Mordversuch gegen den Hüter.

Die Nachricht über die Tötung eines Schwanes erzeugt einen sehr starken Stau von negativen Gedanken, die mit Hilfe des Hüters zum

Täter geführt werden, auch wenn diese Person sonst unbekannt bleibt. Der Schütze wird geistige und physische Belastungen bekommen. In dem Moment, in dem die Schwingungen im Hause des Schützen sinken, werden die Folgen sich auch auf die Familienmitglieder erstrecken.

V. Das Heilen

Die Wahrnehmung der Zahlen

Alle Objekte haben ihre eigenen Zahlenwerte mit den entsprechenden Bedeutungen. Diese Werte sind in der Naturerinnerung jederzeit – jetzt und in der Zukunft – wahrnehmbar. Die Zahlenwerte geben z.B. Auskunft über das Vorhandensein einer passiven Krankheit, d.h. einer Krankheit, die sich auf dem Weg der Besserung befindet.

Der wichtigste zu studierende Wert ist die Gesundheitszahl des Menschen, eines Tieres oder einer Pflanze. Die Messung findet zuerst auf der Skala der ganzen Zahlen von 1–10 und danach in Zehnteln statt. Das Feststellen der Werte drei Wochen nach Beginn des Heilungsprozesses ist wichtig. Denn dann hat die ganze Hilfe ihre Wirkung entfaltet.

Man kommt dazu durch eine Bitte. Aber besonders das Definieren der Schwingungen muß gelernt werden. Danach ist es leicht, auch alle anderen Aufgaben zu lernen. Gute Kenntnisse mit der Wünschelrute sind das Wichtigste.

Die Naturgeister als Krankenpfleger

Die Naturgeister begleiteten den Menschen durch die gesamte physische Entwicklung. Zwischen ihnen bildete sich eine Arbeitsbeziehung, in der der Mensch gewissermaßen die Rolle des Hausvaters hatte. Viele gewaltige Bauten sind als Erinnerung an diese Zeiten übriggeblieben.

Es ist unmöglich zu beschreiben, wozu ein Naturgeist fähig ist. Es ist leichter zu beschreiben, was er nicht kann. Wenn sich ein Wesen unter der kosmischen Führung befindet, ist der Mangel an Vernunft kein Problem.

Die Naturgeister sind heute oft im Ruhezustand, ohne daß ihre Kräfte aktiviert sind, tatenlos und scheu, sogar Flüchtlinge durch die Taten der Menschen. Aber dort, wo Zusammenarbeit entstanden ist, gedeiht diese gut. Unsere Freunde kleiden sich sogar passend für ihre helfende Tätigkeiten.

In dem Moment, in dem langwierige Krankheiten im Ätherleib beginnen – also im Bereich der Naturgeister –, ist das Arbeitsfeld nicht weit. Man braucht nur eine perfekte Freundschaft und die Fähigkeit, mit ihnen zu sprechen, um eine Arbeit zu beginnen. Die Führung kommt von der Gruppenseele.

In dem Moment, in dem dieses Buch druckreif wurde, kam mit der Post eine Sendung mit zwei Bildern, die Naturgeister darstellten. Beide Geistwesen waren als Krankenschwestern verkleidet. Die Zeichnungen sind automatisch entstanden, durch die Hand einer Frau namens Kaisa [siehe Abbildung auf Seite 149]. Kaisa erzählte, daß die beiden „Mädchen" sich unbedingt für mich zeigen wollten. Was für ein feiner Beweis der Sache.

Die grüne Kraft und die Krankheiten

An meinem Geburtstag 1991 brachten die Naturgeister einen glänzenden grünen Teppich vor meinen Arbeitstisch. Mir wurde erzählt, daß der Teppich die Kraft der ätherischen Ebene repräsentiere und daß man ihn bitten könne, geschädigte Ätherleiber zu reparieren. Man hat festgestellt, daß dadurch tatsächlich Hilfe gekommen ist.

Fünf Jahre später, an meinem 75. Geburtstag, erschienen mir mehr als 100 Naturgeister, die alle von zwei aus Naturgeistern entwickelten Engelwesen repräsentiert wurden. Sie teilten mir mit, daß bei jeder Rehabilitation die Kräfte des Ätherleibes eines Menschen auf eine Stufe von 98 % zurückkehren. Dies gilt auch für Tiere, Pflanzen und die gesamte Natur. Wenn die Be eines Menschen 2,5 ist, ist er fähig, ein Waldgebiet von 100 ha zu rehabilitieren.

Wir haben gelernt, daß langwierige Krankheiten im Ätherleib beginnen. Die entscheidende Kräftigung des Ätherleibes ist eine letzte Chance für das Heilen von Beschwerden und Krankheiten, gegen die Antibiotika gegeben werden, die zur Zeit immer schwächer werden.

Ein riesiges Arbeitsfeld öffnet sich für das Heilen von BSE in England. In diesem Zusammenhang wird eine unglaubliche Sache notiert:

Die „Brüder des zweiten Daseins“ sind mit dabei, die Benutzung der grünen Kraft zu organisieren. Dieses System scheint folgendermaßen zu funktionieren: Die Naturgeister sind die Hüter der grünen Kraft. Die Menschen suchen die Objekte, denen geholfen werden muß, und aktivieren das Helfen. Die Brüder des zweiten Daseins sind die technischen Verwirklicher, und viele Engelwesen sorgen dafür, daß die Kräfte richtig geführt werden.

Da wir unter uns auch Personen haben, die in der Lage sind, Kontakte mit den Brüdern des dritten und vierten Daseins aufzunehmen, sind die Aussichten für die Zukunft sehr interessant.

Die Birkenasche und das Aschenwasser

Die Holzasche ist ein aus der lebendigen Natur durch Verbrennung entstandenes Material, das lebensnotwendig in den weiten Gebieten der nordischen Nadelwälder ist.

Die Anwendung der trockenen Holzasche ist so bekannt, daß ich sie hier nicht erklären muß. Es ist aber auch möglich, eine Wassermischung aus der Asche herzustellen, die viele positive, von der Grundsubstanz abweichende Eigenschaften hat.

Die Herstellung der Aschenlauge geschieht, indem man 100 g Asche einer Birke mit einem Liter Wasser mischt. Diese Mischung wird eine Stunde lang sanft geköchelt und nach der Abkühlung gefiltert. Diese Flüssigkeit hält Jahre in einer Flasche. Bevor man anfängt zu kochen, ist es sinnvoll zu bitten, daß die Medizin möglichst wirkungsvoll wird. Ohne eine Bitte ist die Be des Flascheninhalts 5 m, nach der Bitte steigt sie auf 10 m.

Die Dosierung ist für alle Krankheiten dieselbe: Vier Wochen lang nimmt man täglich einen Tropfen, danach kommt eine Pause von ein paar Wochen. Es gibt keine Grenze für Wiederholungen. Die Portion kann mit Wasser verdünnt werden, wenn es notwendig erscheint.

Ein großes Problem der modernen Zeit sind Stauungsprozesse der Nieren. Eine starke Wirkung geht hier von den Zitrusfrüchten aus, die heute vermehrt benutzt werden. Wenn die Nieren es nicht mehr schaffen, die ganze Materie zu bearbeiten, die durch den menschlichen Körper naturgemäß fließen muß, kann der Körper z.B. am Bein eine Wunde öffnen, gewissermaßen als Zusatz für die Nierentätigkeit. Die Aschenlauge ist eine sehr wirkungsvolle Medizin, gerade auch zur Reinigung der Nieren. So verschwindet auch eine offene Stelle am Bein.

Die Aschenlauge ist auch gut geeignet zur Pflege von Ischias, Rheuma und Krankheiten des Dickdarms. Als Heilmittel gegen Krebs ist die trockene Asche wirkungsvoller als die Aschenlauge.

Die Aschenlauge ist ebenso sehr gut als Pflanzenschutzmittel geeignet. Die Verdünnung 1:100 ist hier sehr gut geeignet. Sie verstärkt die Schutzfunktion der Pflanzen und beugt so dem Insektenfraß und Pflanzenkrankheiten vor. Man besprüht die grünen Teile der Pflanzen sehr dünn.

Ich habe ein paar Erinnerungen an die Anwendung des Aschenwassers während meiner Kindheit. Das ist sehr lange her. Damals erlebten wir die ersten Jahrzehnte der Unabhängigkeit Finnlands. Die eine Anwendung betrifft die Herstellung der luftgetrockneten Stockfische, die andere die Herstellung der hausgemachten Seife [Kern- oder Schmierseife].

Damals lebten wir fast ausschließlich in einer autarken Eigenbedarfswirtschaft. Wir lebten in der oberen Region der mittelfinnischen Urwaldgebiete und hatten kaum ein paar Mark, um sie auszugeben. Mein Vater war aber ein großer Freund der importierten Stockfische, und an dieser Stelle sparten wir nicht. Wir besaßen einen riesigen Holzbottich, der wohl Hunderte von Litern faßte. Dieser Bottich war für meinen Vater das Maß beim Einkaufen der Fische.

Der Bottich wurde mit Stockfisch gefüllt, und dazu goß man eine Aschenlauge, bis alles bedeckt war. Diese Lauge wurde eigens dafür in dem großen gemauerten Kessel der Milchküche hergestellt. Das Rezept ist mir leider nicht in der Erinnerung geblieben [...].

Eine Woche lang betrachtete mein Vater das Einweichen der Fische, und die Arbeit schien fast heilig zu sein. Ich glaube nicht, daß die Männer, die die privaten Hausbrennereien in den abgelegenen Waldgebieten betrieben, ihre geheimen Destilliergeräte höflicher bedienten als mein Vater seine Fische.

Eines Tages nahm er dann diese Fische und tat sie in große Jutesäcke, die ca. 50 kg faßten. Dann wurden sie durch ein Eisloch in den See getaucht. Wie lange die Fische nun in diesem Zustand bleiben mußten, erinnere ich nicht mehr – aber es waren Wochen! Von dort holte man nun den eiskalten eingeweichten Fisch, und es wurden daraus während der kältesten Tage des Jahres – um die Neujahrstage herum – viele Mahlzeiten zubereitet.

Wenn jemand mit einer Wünschelrute die Bioenergie messen kann und einmal eingeladen wird, diese traditionelle Speise des Nordens zu essen – die meistens nur noch aus Nostalgie zur Weihnachtszeit zubereitet wird –, möge er die Be messen. Die Be einer Portion dieser Speise ist fast 1 m. Man sollte also diese Speise doch mehr respektieren, als es die modernen Leute heute tun.

Da auf den alten Bauernhöfen meiner Kindheit sehr viele Menschen wohnten und arbeiteten, mußte man alle paar Monate Tiere schlachten. Wir lebten nicht nur von den Fischen, die getrocknet und gesalzen wurden, oder von den Pilzen, die in den Wäldern gesammelt und anschließend getrocknet und gesalzen wurden, sondern wir brauchten auch Fleisch.

Bei der Schlachtung ließ ein Schwein, das aufgehängt wurde, in dem Moment seine Eingeweide herunterfallen, in dem der Körper aufgespalten wurde. Die Gedärme, die auf den Boden fielen, dampften noch lange, auch in der Winterzeit. Sie wurden gleich von den Frauen in die Stallküche gebracht, um sie dort zu säubern. Danach waren sie fertig für die Seifenkocherei. Es war damals in allen ländlichen Gebieten üblich, Seife selbst herzustellen.

Erneut kam eine Aschenlauge zur Anwendung. Wie diese hergestellt wurde, ist mir nicht bekannt, aber die Kalilauge reagierte mit den Fetten der Gedärme, so daß auf dem Wasser bald eine schaumige Masse schwamm. Diese wurde gesammelt und beim Wäschewaschen mitverwendet.

Es ist wichtig zu erzählen, daß Kalilauge die allerstärkste aller Basen ist. So ist es wichtig, nicht allzu starke Mischungen herzustellen, um keine Schäden hervorzurufen. Die Herstellung von Schmierseife braucht eine genaue Menge Kalilauge, nicht zu stark und nicht zu schwach.

Als ich dieses schrieb, bekam ich eine Nachricht über die Anwendungsmöglichkeit der Schmierseife als Hautmedizin. Die Schmierseife, die mit dieser Methode hergestellt wird, besitzt ein Bioenergiefeld von 2,5 m. Es scheint, daß Umschläge, die über Nacht wirken, die beste

Anwendung sind. Auch scheint dieses Mittel sehr gut gegen Krampfadern zu sein. Man kann das ausprobieren, sofern noch die Möglichkeit besteht, eine solche Schmierseife zu bekommen.

Es ist möglich, daß Bauern, die heute ihre eigene Fleischproduktion betreiben, die Herstellung noch ausprobieren und wiederbeleben könnten. Auf jeden Fall ist dieses Produkt eine wirksame, von altem Volk entwickelte Salbe.

Das Reinigen einer Person

Generell haben Menschen heutzutage sehr viel geistiges und physisches Gift in ihren Körpern. Der Reinheitsgrad der Menschen liegt ungefähr bei 70 %, obwohl er schon aus gesundheitlichen Gründen bei mindestens 90 % liegen sollte. Deshalb sollte es für alle Menschen von Interesse sein, sich alle zwei Wochen zu reinigen. Dann bliebe die Reinheit des Menschen oberhalb von 90 %.

Der Reinigungsakt ist sehr einfach und erfordert keine besonderen Zeremonien. Es ist zunächst nur möglich, einen Menschen auf einmal zu reinigen. Ein paar Leute können sich gegenseitig reinigen, wenn die geistige Bioenergie aller Beteiligten 2,0 oder größer ist. Wenn die Be einer Person 2,5 oder mehr ist, ist es auch möglich, daß diese sich selbst reinigt.

Zuerst bittet man um die Reinigung der Umgebung, z.B. im Umkreis von 3 m. Dann bittet man darum, daß die Schwingungen in diesem Gebiet auf 60 steigen. Danach muß man noch darum bitten, daß die Schwingungen der Elementarwesen, die sich in dem Körper befinden, auf 50 stiegen, denn dann verschwinden sie aus dem Körper oder vereinigen sich mit der Körpersubstanz so, daß sie aufhören zu existieren.

Die Reinigung wird nun in drei Phasen verwirklicht. Alle drei geschehen in derselben Weise. Die Objekte sind der Unterkörper, der Mittelbereich des Körpers und der Oberkörper, ohne diese irgendwie zu begrenzen. Die Reinigung beginnt mit einer Bitte, daß alle schlechte Materie aus meinem oder dem Körper eines anderen verschwindet.

Das Ereignis wird nun begleitet, indem man die Be bis 100 zählt oder 15 Minuten wartet. Dann bittet man „weiße Materie“ an die Stelle der alten. Während dieser „Füllung“ staut alles bei der Zahl 70. Wenn man dahin gekommen ist, muß man darum bitten, daß die Zahl bis 100 wächst. Wenn man die Be noch nicht zählen kann, wartet man einfach 10 Minuten und nach der Zusatzbitte noch ein paar Minuten dazu. So ist der Unterkörper gepflegt worden. Das gleiche wird bei der Mitte und dem Oberkörper wiederholt.

Wenn man die Zahlen verfolgt, dauert die ganze Prozedur kaum eine Stunde, mit der Uhr ein bißchen länger als eine Stunde. Dabei ist es möglich, alle erdenklichen Arbeiten zu verrichten, das stört den Reinigungsprozeß nicht. Die gleiche Methode kann auch bei Tieren angewendet werden.

Das Titelbild des Buches von Kaisa Hirvonen

Das Blutstillen in der Kalevala

Sirkku Lumioksa

Der Unfall Väinämöinens

Im achten und neunten Gesang der Kalevala wird die Heilkunst des Blutstillens ausführlich geschildert. Väinämöinen, der alte Zauberer, hat sich bei der Herstellung eines Bootes eine schlimme Verletzung zugezogen. Sein Beil ist verrutscht und hat eine klaffende Wunde am Knie und eine Verletzung an der Zehe hinterlassen. Zwci Tage war er mit seiner Arbeit gut vorangekommen, doch am dritten Tag geschah das Unglück. Das war aber nicht seine eigene Schuld, etwa weil er zu unachtsam gewesen wäre, denn das Epos schildert, daß die Geistwesen Hiisi und Lempo dabei entscheidend mitgewirkt haben.

Die Bezeichnungen geistiger Wesen haben in der Überlieferung oft unterschiedliche Bedeutungen, je nachdem in welchem Zusammenhang sie gebraucht werden oder welchem Volksgebiet sie entstammen. Lempo ist ein Teufel, ein böser Geist, der fliegen kann, und mit Hiisi wird u.a. von den Ostfinnen eine Waldgottheit bezeichnet, die über die Tiere herrscht, aber auch ein böser Waldgeist oder das Geschlecht der Riesen, die schon bei der Erschaffung der Moore und Felsen dabei waren.

Im achten Gesang wird der Unfall Väinämöinens geschildert:

„Doch am dritten Tage schließlich
drehte Hiisi an dem Beilschaft,
lenkte Lempo ab die Schneide,
ließ den Schaft der Böse schwanken;
plötzlich stieß die Axt auf Stein auf,
fuhr die Schneide an den Felsen.
Da glitt gleich die Axt vom Steine,
fuhr ins Fleisch hinein die Schneide,
in das Knie des tüchtgen Sohnes,
in die Zehe Väinämöinens;

tief ins Fleisch sie Lempo führte,
Hiisi lenkt' sie an die Adern,
rotes Blut begann zu rinnen,
sprudelnd schoß hervor der Blutstrom."

Ein solcher Unfall ist keine Seltenheit gewesen in einem Land, in dem noch heute ein großer Teil des Wirtschaftslebens auf Waldwirtschaft und Holzerzeugnissen beruht. Oft arbeitet der Waldarbeiter ganz allein, und er ist über weite Strecken zu Fuß unterwegs. Heute trägt er ein Handy bei sich, aber noch vor einigen Jahren war er ganz auf sich gestellt. Im Notfall kommt es darauf an, ob er sein Bewußtsein und einen kühlen Kopf bewahren kann.

Väinämöinens vergeblicher Versuch, sich selbst zu behandeln

Väinämöinen versucht sofort, den Blutstrom durch Beschwörungen und Zaubersprüche zu stillen, muß aber bald erkennen, daß seine Zauberkunst nicht wirksam ist, wenn er sich selbst behandeln will. Diese Gesetzmäßigkeit wird noch heute von den Heilkräftigen bestätigt. Sie sagen, daß in diesem Fall Egoismus am Werk sei. Sie verweisen auch darauf, daß es sehr schwer sei, eigene Familienmitglieder zu heilen. Wenn sich nur ein wenig Egoismus in das Heilungsmotiv hineinmischt, ist die Kraft nicht mehr wirksam. Und wie ich in meinem ersten Beitrag in diesem Band bereits dargestellt habe, kann sie sogar ganz verschwinden, wenn mit dieser Gabe gespielt wird oder sie aus geringfügigem Anlaß angewendet wird. Und eine Anwendung bei natürlichen Blutungen (Menstruation) könnte der Patientin erheblich schaden.

„Schnell beginnt er die Beschwörung,
selber spricht er Zaubersprüche,
spricht den Ursprung, wie er eintrat,
Bannungswort in rechter Reihung,
aber kann sich nicht erinnern
an des Eisens mächtge Worte,
welche einen Riegel wirken,
eine Barre bilden könnten

jenen offnen Eisenrissen,
von dem blauen Stahl gestoßen.
Schon in Bächen fließt der Blutstrahl,
wie ein Wassersturz erbraust er,
deckt am Boden Beerenstiele,
deckt die Blumen auf der Heide;
und da gab es keine Kuppe,
die nicht schnell schon überschwemmt war
von dem ungeheuren Blutstrahl,
von der Flut verströmten Blutes
aus dem Knie des tüchtgen Sohnes,
aus der Zehe Väinämöinens."

Angesichts des eigenen fließenden Blutes, von Schmerzen geplagt, ist es sicherlich nicht leicht, sich auf bestimmte Worte und Sprüche zu konzentrieren, auch wenn diese meist in jahrelangen Lehrzeiten eingeprägt wurden. Für das Heilen mit dem Wort ist es immer notwendig zu wissen, welche Ursache die Verletzung oder Krankheit hat. Denn dem Ursprung der Krankheit müssen die richtigen Zauber- oder Bannungsworte entsprechen, und sie müssen in der richtigen Reihenfolge gesprochen werden.

Vihat

In den ersten zitierten Versen wird deutlich, daß Hiisi und Lempo das Beil so gelenkt haben, daß es zur Verletzung Väinämöinens kommen mußte. Nun gibt es in der finnischen Tradition eine Vorstellung, die diesen Vorgang etwas erhellen kann. Sie hat mit dem Wort Viha (= Haß) zu tun. Der Überlieferung zufolge kann sich der Mensch die Vihat (Plural) – also zerstörerische und bösartige Kräfte und Wirkungen – der Erde, des Wassers, des Feuers oder der Luft zuziehen, und dadurch kann er z.B. Hautausschläge, Ekzeme, Entzündungen usw. bekommen.

Zu einer besonderen Art von Vihat kann es durch die Berührung eines Toten kommen; man nannte das Kalmanvihat. Das kann durch die Berührung des Wassers, mit dem die Leiche gewaschen wurde, geschehen oder auch schon durch die Berührung der Gegenstände, die einst dem Verstorbenen gehörten. Als besonders gefährlich erachtete man die Kalmanvihat eines bei der Geburt ungetauft verstorbenen Kindes. Vihat kann man sich auch durch die Kälte (Erkältung), durch Wärme (Schwindel usw.), von Steinen und von allen mit Geistwesen beseelten Gegenständen zuziehen – so auch vom Eisen.

Der Alte auf dem Ofen

Nun sucht Väinämöinen die sogenannten Ursprungsworte des Eisens – Worte, die die Entstehung des Eisens beschreiben – und findet sie nicht. Verzweifelt, weinend – so erzählt die Geschichte weiter – springt Väinämöinen daraufhin auf seinen Schlitten und fährt zum nächsten Dorf, um Hilfe zu suchen. Diese wird ihm aber erst im dritten Haus zuteil, in dem er um Hilfe bittet. Und nachdem er in diesem Haus gefragt hat, ob hier jemand seinen Blutstrom stillen könne, trägt sich nun folgendes zu:

„Auf dem Ofen lag ein Alter,
unterm Dach ein greiser Graubart,
brummt' der Alte her vom Ofen,
krächzt' der Greis mit grauem Barte:
‚Größere sind schon geschlossen,
stärkere bestanden worden
durch drei Worte nun des Schöpfers,
durch die Macht des tiefen Ursprungs:
Fluß am Auslauf, See am Ende,
wilde Ströme vor dem Sturze,
Buchten an des Vorsprungs Spitze,
Engen an der schmalsten Stelle!'"

Aber diese Worte genügen nicht, um das Blut zu stillen. Und daher heißt es dann im neunten Gesang:

„Einen Krug aus Silber bringt man,
kommt mit einer goldnen Kanne;
doch sie faßt nicht das Geringste,

hält auch nicht das kleinste Quentchen
von dem Blute Väinämöinens,
von des edlen Helden Blutstrom.

Her vom Ofen brummt der Alte,
krächzt der Greis mit grauem Barte:
‚Was nur bist du für ein Bursche,
was nur bist du für ein Mannsbild?
Sieben Boote sind voll Blutes,
angefüllt sind acht der Bütten,
das aus deinem Knie, du Armer,
auf den Boden ist geflossen;
alle andern Worte wüßt ich,
doch erinnre nicht den Anfang,
weiß den Ursprung nicht des Eisens,
das Entstehn der schlimmen Schlacke.'"

Die Ursprungsworte des Eisens

Diese Ursprungsworte erinnert nun aber Väinämöinen selbst: Auf mehreren Seiten erfahren wir die sehr komplexe Entstehung des Eisens. Verschiedene Wesenheiten waren dazu nötig: Ukko, Gott im Himmel – auch Jumala genannt –, erschuf drei Jungfrauen, „drei vollkommne Schöpfungswesen", die auf dem Saum einer Wolke wandelnd aus ihren prallen Brüsten weiße, rote und schwarze Milch molken und zur Erde strömen ließen. Aus dieser Milch entstanden die verschiedenen Arten des Eisens, die in der früheren Zeit in Finnland meist aus Mooren und Seen gewonnen wurden. Auf die reichlichen Vorkommen an der Erdoberfläche gibt es einen Hinweis in folgenden Versen:

„‚Dort verbarg sich da das Eisen,
es verbarg sich, es bewahrt' sich,
in dem schwankenden Moraste,
in dem wabernd weichen Quellgrund,
auf des Sumpflands freister Öffnung,
auf des grimmen Berges Gipfel,

wo die Schwäne Eier legen,
wo die Wildgans Junge brütet.'"

Um das Eisen zu verarbeiten, braucht man einen Schmied. Und die Worte des Eisens beinhalten auch die Worte der Geburt Ilmarinens, des urzeitalten Schmieds, der schließlich in den Bären- und Wolfsspuren auf dem Moor und der Heide das Eisen entdeckt und es mit Hilfe des Feuers bearbeitet. Das reicht aber noch nicht, denn es sind noch bestimmte Zutaten nötig. Ilmarinen bittet die Biene:

„,Bring auf deinen Flügeln Nektar,
trage Honig auf der Zunge
aus der Blüte von sechs Blumen,
aus dem Kelch von sieben Kräutern,
um den Stahl zustandzubringen,
um das Eisen zu gewinnen!'"

Hiisis Vogel und die wilde Wut des Eisens

Die schlimme Eigenschaft der Eisengegenstände, Menschen verletzen zu können, wird dadurch erklärt, daß statt der Biene die Hornisse – die als Hiisis Vogel bezeichnet wird und alles beobachtet hatte – fortflog und die falschen Zutaten brachte:

„Sie flog fort mit dumpfem Summen,
schleuderte die Schrecken Hiisis,
goß der Schlange Zornesgeifer,
nahm das schwarze Gift der Natter,
Ätzesäure einer Miere,
das geheime Gift der Kröte
in des Stahles Scheidewasser,
in des Eisens Härtungsbeize."

Dies alles muß man wissen, um die Wunde heilen zu können! – Der graubärtige Greis spricht nun eine quälend lange Zeit das Eisen an, schillt es wie einen Menschen:

„,Jetzt bist du wohl groß geworden,
bist in wilde Wut geraten,
brachst, du Armer, deinen Eidschwur,
fraßest hündisch deine Ehre,
als die Sippe du versehrtest,
als du dein Geschlecht geschändet!'"

Die Blutstillworte

Erst danach hören wir die eigentlichen Blutstillworte, die noch vor einigen Jahren jedes Kind mit der Kalevala in der Volksschule als Teil des eigenen kulturellen Erbes kennenlernen konnte. Heute hat man dieses Pensum zugunsten der modernen Zeitforderungen erheblich verkürzt. Eine Variante dieser Blutstillworte lautet:

„,Steh nun, Blut, hör auf zu strömen,
Blutstrom, höre auf zu brausen,
über mich dich zu ergießen,
mir an meine Brust zu spritzen.
Steh nun, Blut, wie eine Steinwand,
halt dich, Blut, wie ein Gehege,
steh im Wasser wie die Lilie,
wie das Riedgras in dem Moose,
wie der Stein am Ackerraine,
wie der Fels im Wasserfalle!'"

In diesem neunten Gesang der Kalevala können wir mehrere solcher Worte hören, die Elias Lönnrot aus seinem reichlich gesammelten Schatz der alten Zaubersprüche der Finnen zusammengestellt hat. Die im ersten Beispiel gezeigten, mächtigen Worte werden u.a. noch durch folgende bekräftigt:

„,Hör nun, Teures, auf zu tropfen,
rotes Blut, herabzurinnen,
stehst du nicht, nun so versiege!
Tyrjä-Fall verebbte einstmals,

selbst der Totenfluß versiegte,
trocken ward das Meer, der Himmel,
in dem großen Jahr der Dürre,
jenem Jahr der wilden Brände!'"

In ähnlichen, aus Skandinavien stammenden Worten wird häufig auf die großen Werke Gottes hingewiesen. Das Blut soll stehen wie das Wasser des Jordans während der Taufe Christi, wie das Wasser des Roten Meeres, als das Volk Gottes aus Ägypten flüchtete. In der Kalevala wird Gott direkt angesprochen und um Hilfe gebeten:

„,Ukko, Schöpfer du hoch oben,
Jumala, du Herr des Himmels!
Komm, weil deiner wir bedürfen,
komm hierher, weil ich dich rufe,
dränge deine Hand, die starke,
drücke deinen mächtgen Daumen
auf das tiefe Loch als Pfropfen,
auf das arge Tor als Pflaster,
leg darauf ein Blatt, das lindert,
goldne Nixenblum laß gleiten,
um des Blutes Bahn zu dämmen,
um des Blutes Strom zu stopfen,
Daß es auf den Bart nicht spritze,
mir die Kleider nicht verkleckse!'"

So gelingt es schließlich, durch die Macht aller Heilungsworte das aus den Wunden Väinämöinens fließende Blut zu stillen. Im folgenden wird nun noch ausführlich geschildert, wie und mit welchen Zutaten „ein Zaubermittel", eine Salbe zur Wundheilung und Schmerzlinderung hergestellt wird und wie die Wunden verbunden und behandelt werden. Dies geschieht wiederum unter Zuhilfenahme von Binde- und Schutzworten, die während der Prozedur gesprochen werden.

Die Blutstillworte der Überlieferung sind zahlreich, und man kann mehrere zeitliche Schichten erkennen. Solche mit biblischen Beigaben sind stets jünger und oft nicht mehr in Versform überliefert, weil sie aus skandinavischen Sprachen stammen und von den Finnen sinngemäß übernommen wurden. Die Begegnung des schwedisch sprechenden Küstenvolkes mit den finnischen Einwohnern führte zu einer Vermengung verschiedener Traditionen und bewirkte eine reiche kulturelle Überlieferung.

Ein Geschenk als Geschenk

Heute gibt es viele Menschen, die im Laufe ihres Lebens ihre Heilungsgabe entdecken, entweder mehr oder weniger zufällig oder durch die Weitergabe der Heilkunst an sie. Manche benutzen keine besonderen Worte, sondern sie wirken durch eine starke Konzentration, die oft so viel Kraft kostet, daß sie sich hinterher ausruhen müssen.

Diejenigen, die Blutstillworte von einem älteren Menschen empfangen, geben sie in keinem Interview weiter. Denn das könnte zur Folge haben, daß die Kraft dadurch schwindet. Es ist aber auch nicht gestattet, diese Worte mit ins Grab zu nehmen. Deshalb werden sie im Laufe des Lebens rechtzeitig an einen Menschen weitergegeben, der selbstlos helfen will.

Eine Bezahlung für das Blutstillen kommt nie in Frage. Und alle diejenigen, die über ihre Gabe öffentlich reden, bestätigen, daß „ein Geschenk als Geschenk" weitergegeben werden soll. Diese Menschen sind oft ganz einfache Leute, die normalen Berufen nachgehen. Manche werden in dem kleinen Buch „Volksheiler in Finnland" aufgeführt. Ihre Erfolge begründen ihren Ruf.

Das Epos Kalevipoeg

Was möchte das estnische Volksepos Kalevipoeg der Menschheit mitteilen?

Sirje Purga*

Estland ist an der Ostsee angesiedelt und gehört somit zur Familie der Ostseevölker.

Auch in Rudolf Steiners Vorträgen ist von dem Ostseegebiet die Rede, das während der ersten, zweiten und dritten Kulturperiode[1] dicht mit Mysterienorten besiedelt war. Hier befanden sich Mysterienstätten aller Planeten, die von dem Sonnenmysterium auf der Insel Rügen geleitet wurden. Die Mysterien der Ostsee waren Vorbereiter auf die Manu-Aufgabe – d.h. die Annahme Christi durch das persönliche Ich –, es waren die Bereiter der Persönlichkeitskräfte und des Ich im Menschen.

In den nördlichen Ländern wurde das Wesen des Christentums in all seiner Lebendigkeit am tiefsten in die Menschenseele aufgenommen. Hier lebt Christus in den Herzen der Menschen. Der äußeren Verbreitung des Christentums durch die Kirche begegnete die Bevölkerung in diesen Gebieten oft mit Widerstand.

Die alten Mysterien standen oft in engem Zusammenhang mit der Äthergeographie, mit dem ätherischen Raum, der diese Mysterienorte

---

* **Sirje Purga,** geb. 1937 in Võru, Estland. Võru ist auch die Geburtsstadt von Friedrich Reinhold Kreutzwald, der das Epos Kalevipoeg gesammelt und zusammengestellt hat. Sirje Purga interessiert sich seit ihrer Kindheit für dieses estnische Volksepos, und sie hat sich ihr ganzes Leben mit seinen Bildern, Aussagen und seiner Bedeutung beschäftigt. Seit 30 Jahren beschäftigt sie sich auch mit der Anthroposophie. Sirje Purga ist Musikerin, Klavierlehrerin. Sie lebt in Tallin und hat fünf Kinder sowie zwölf Enkelkinder.

Ähnliche Vorträge über das Epos Kalevipoeg wie den hier abgedruckten hat sie schon an vielen Orten, auch in Deutschland, gehalten.

1. Im weiteren ist von den Kulturperioden und der nachatlantischen Zeit einige Male die Rede. Daher hier eine kurze Erläuterung: Gemeint sind die Kulturperioden bzw. -epochen, die nach Rudolf Steiner auf die Zeit der Atlantis nach deren Untergang folgten: 1. die urindische Zeit (7227–5067 v.Chr.), 2. die persische Zeit (5067–2907 v.Chr.) und 3. die ägyptische Zeit (2907–747 v.Chr.). Darauf folgten die vierte Kulturepoche, die grie-

umgab. Deren Wirkung ist in der ätherischen Welt auch heute noch vorhanden.

Die Menschheit, die im Begriff steht, die Schwelle zum geistigen Bewußtsein von neuem zu überschreiten, trifft dabei wieder auf diese Mysterien und auf deren Einflüsse. Jetzt wirken sie aber bremsend und hemmend, wenn die Menschen sich nicht ihrer Inhalte bewußt sind. Damit diese alten Mysterien mit ihrer Weisheit auch heutzutage und in Zukunft dem Menschen dienlich sein können, ist es notwendig zu wissen, wovon diese Mysterien berichten und was darin gelehrt wurde.

Wo können wir das heute noch finden? Die Weisheit der Mysterien ist uns bis heute noch in Form von Bildern in der Mythologie eines jeden Volkes erhalten – in Märchen, Sagen und Epen. Durch die anthroposophisch orientierte Geisteswissenschaft öffnet sich uns die längst in Vergessenheit geratene Bildersprache. So besteht also eine der wichtigsten Aufgaben unserer Zeit darin, mit Hilfe der Mittel der Geisteswissenschaft die Bildersprache der Märchen und Epen unseres Landes durchzuarbeiten, um den richtigen Weg in die Zukunft zu finden.

Der Erzengel des Nordens hat die Aufgabe, die Völker des Nordens zu vereinigen; dabei ist er auch Inspirator der Mythologien dieser Völker. Gleichzeitig steht er in Verbindung mit dem Erzengel Europas. In diesem Zusammenhang begreifen wir die großen Epen Finnlands und Estlands, nämlich Kalevala und Kalevipoeg als Inspirationen des nördlichen Erzengels.

Das estnische und das finnische Volk sind miteinander verwandt. Die finno-ugrische Sprachgruppe ist uns gemeinsam; die Ähnlichkeit der Sprachen macht eine Verständigung leicht. Auch die Geschichte der beiden Völker weist Gemeinsamkeiten auf. 700 Jahre lang war der Ent-

---

chisch-lateinische Zeit (747 v.Chr.–1413 n.Chr.), und die fünfte nachatlantische Kulturepoche (1413–3573 n.Chr.). Jede dieser Kulturepochen dauert etwa 2.160 Jahre. Die Jahresangaben sind – so Steiner – nur approximativ, also Annäherungswerte.

Die letztgenannte Kulturepoche, die fünfte nachatlantische, ist *unsere gegenwärtige Zeit.* Sie wird von Steiner auch Zeitalter der Bewußtseinsseele genannt, weil es die Aufgabe unserer Zeit ist, die Bewußtseinsseele auszubilden und einen neuen, auf den individuellen Kräften des Menschen beruhenden Weg zum Geistigen zu finden. Auf diese gegenwärtige Kulturepoche werden noch zwei weitere folgen, und das gesamte nachatlantische Zeitalter, das die genannten sieben nachatlantischen Kulturperioden umfaßt, währt etwa bis zum Ende des 8. Jahrtausends (7893 n.Chr.). (Red.)

wicklung dieser beiden Völker gleichsam ein Deckel aufgestülpt. In Estland herrschten viele verschiedene Völker; seit dem 13. Jahrhundert die Deutschen. In Finnland waren es die Schweden. Die ursprüngliche Bevölkerung war in den Zustand der Leibeigenschaft gedrängt. Die europäische Kultur hatte zwar Einfluß auf die herrschende Schicht, jedoch nicht auf das gemeine Volk.

Da aber sowohl das estnische als auch das finnische Volk vorher schon eine stark ausgeprägte mündliche Tradition sowie eine handwerkliche Kultur entwickelt hatten, blieben diese auch weiterhin – unabhängig von der äußeren Isolation – bestehen. Sie lebten weiter in einer wunderbaren Handwerkskunst, in Volksliedern, Märchen, Sagen und Epen. Gleichermaßen blieb auch die alte Fähigkeit des Hellsehens, von der diese Kultur genährt wurde, sehr lange Zeit bei beiden Völkern erhalten.

Eigene Kulturstaaten in Finnland und Estland

Als nun im 19. Jahrhundert, nachdem 1817 die Leibeigenschaft vollkommen abgeschafft worden war, die Zeit des nationalen Erwachens begann, nahm die Entwicklung sowohl des finnischen als auch des estnischen Volkes ihren Lauf mit ungeheurer Schnelligkeit. Im Laufe von 100 Jahren holte man die bisherige Entwicklung in Europa auf, und darüber hinaus gelangte man bis hin zu den allerneuesten Impulsen. An dieser Entwicklung hatten auch die Baltendeutschen in Estland und die Schweden in Finnland großen Anteil.

In den 20er Jahren des 20. Jahrhunderts gab es in Estland und Finnland schon einen jeweils eigenständigen Kulturstaat auf europäischem Niveau, als in Finnland 1923 und in Estland 1924 eine Anthroposophische Gesellschaft gegründet wurde. Es war eine wunderbare innere Kraft zu verspüren, die als Folge der sehr schweren äußeren Bedingungen entstanden war. Die ersten nationalen Literaturwerke waren die Volksepen beider Völker, die in Finnland 1849 unter dem Namen Kalevala und in Estland 1861 unter dem Namen Kalevipoeg – als Volksausgabe sowohl in estnischer als auch in deutscher Sprache – erschienen.

Die Verse dieser Epen wurden aus dem Volk gesammelt und in Finnland durch Elias Lönnrot (geb. 1802), in Estland durch Friedrich Reinhold Kreutzwald (geb. 1803) zusammengestellt. In Estland begann schon Friedrich Robert Faehlmann (geb. 1798) mit dieser Arbeit. Alle drei waren von Beruf her Arzt und große Verehrer und Sammler von Volksliedern. Beide Epen wurden zur Zeit des nationalen Erwachens für ihre Völker zur Hauptquelle des Nationalgefühls, und sie waren Ansporn sowohl in der kulturellen Entwicklung als auch im Kampf um die politische Unabhängigkeit.

Auch inhaltlich sind die Epen beider Völker miteinander verbunden. In der Kalevala haben wir grandiose Bilder von der Schaffung der Welt und von der Entwicklung der Seelenkräfte des Menschen in den Figuren des Väinämöinen, Ilmarinen und Lemminkäinen; im Bild des Sampo sehen wir auch die Ausbildung des Ätherleibes des Menschen und des Volkes. Das Epos endet mit dem Beginn der neuen Entwicklung, mit der Aufnahme des Christus-Ereignisses in die menschliche Seele. Dem müßte nun die Entwicklung des menschlichen Ich folgen, und das tut sie auch, aber nicht mehr in der Kalevala, sondern in dem estnischen Epos Kalevipoeg – Sohn des Kalev.

Im Epos Kalevipoeg finden sich Bilder vom Einlassen des Ich in den Menschen, von der Entwicklung, die durch das Zusammentreffen mit den Gegenkräften stattfindet, und den Aufgaben für das ganze fünfte nachatlantische Zeitalter.

Alle Seelenkräfte, die sich in der Kalevala als Urbilder ausgestaltet haben, gehen im Epos Kalevipoeg in das Innere der Menschenseele ein, wo sie im Dienste der Entwicklung des Ich stehen. Die Epen sind miteinander verbunden wie eine Idee in der geistigen Welt und ihre Verkörperung im irdischen Menschen. In dieser Weise bilden die beiden Epen zusammen ein großes Gesamtbild von der Schaffung der Welt bis hin zur Entwicklung des menschlichen Ich in der Zeit der Entfaltung der Bewußtseinsseele, sogar bis hin zum Ende des nachatlantischen Zeitalters.

Kalevipoeg

Das Epos Kalevipoeg besteht aus dem Anruf, der Einleitung und 20 Gesängen. Der Anruf beginnt mit folgenden Zeilen:

„Leihe mir die Harfe, Vanemuine,
herrliche Mär bewegt das Herz mir,
aus dem Schatze der alten Zeiten
treibt's mich mächtig, ein Lied zu singen.

Grauer Vorzeit Stimmen, erwachet!
Regt euch, geheimnisvolle Worte,
die ihr von besseren Zeiten singet
und von dem Reize schönerer Tage!"

Vom Gesichtspunkt der Entwicklung des Ich her, wobei Kalevipoeg, der Sohn des Kalev, im Epos der Repräsentant des menschlichen Ich ist, läßt sich das Epos in drei Teile von jeweils sieben bzw. im letzten Teil sechs Gesängen einteilen.

Die Entwicklung des Menschen von der Geburt bis zum Tod läßt sich durch jeweils siebenjährige Phasen charakterisieren. So ist es auch im Epos. Es ist interessant, in den Bildern des Epos die einzelnen Lebensphasen zu entdecken: von 1–7 Jahren die Entwicklung des physischen Leibes, von 7–14 die Entwicklung des Ätherleibes, von 14–21 die Entwicklung des Astralleibes, im 21. Lebensjahr die Geburt des Ich, von 21–28 die Entwicklung der Empfindungsseele, von 28–35 die Entwicklung der Verstandesseele und von 35–42 die Entwicklung der Bewußtseinsseele. Die letzte Phase bleibt unvollendet. Im Epos wird sowohl ein Bild von der Entwicklung des Einzelmenschen als auch von der Ich-Entwicklung der ganzen Menschheit wiedergegeben, die zum heutigen Zeitpunkt eben diese Phase der Entwicklung der Bewußtseinsseele erreicht hat.

Die ersten sieben Gesänge beschreiben die Vorbereitung zu der neuen Entwicklung: das Herabkommen des Ich aus den geistigen Welten und seine Ankunft auf der Erde. Die zweiten sieben Gesänge sprechen vom Beginn der Ich-Entwicklung im Menschen und von den Aufgaben sowie von der Aktivität der Gegenkräfte, mit denen im Kampf die Ich-Kräfte gestärkt werden. Die letzten sechs Gesänge geben ein Bild von der vollkommenen Durchdringung des physischen Leibes durch das Ich und vom Umschwung in der Entwicklung auf den Weg zurück zu den geistigen Welten.

Das ganze Epos ist durchdrungen von einer großen Ehrfurcht vor der geistigen Welt und einem warmherzigen Verhältnis zu dem Haupthelden im Epos, Kalevipoeg, der sowohl als Held des estnischen Volkes anzusehen ist als auch als bildlicher Vergleich für die Ich-Entwicklung der ganzen Menschheit gelten kann.

Obgleich das Thema ein allgemein menschliches ist, wird im Epos neben der Figur des Kalevipoeg dem Land Estland und dem estnischen Volk im Laufe der Ich-Entwicklung ein wichtiger Platz eingeräumt. In Estland sind bis heute noch viele Legenden erhalten, in denen von Orten, Flüssen und Seen die Rede ist, die mit den Heldentaten des Kalevipoeg zu tun haben.

Die Familie mit den drei Söhnen

Die Ereignisse des ganzen Epos haben auch eine durchgehende Verbindung zu Finnland. So nimmt das Epos seinen Anfang in Finnland, nämlich in einer Gegend mit dem Namen Kalevala. Dort lebt eine Familie mit drei Söhnen. Sie stammen aus dem Geschlecht der Titanen – sie sind Kinder von Göttern wie von Menschen. Einer der Söhne geht als Kaufmann nach Rußland, der zweite als Krieger nach Norwegen. Und über den dritten erfahren wir:

„Dreist der dritte sich der Brüder
schwang auf Nordland-Adlers Schwinge.
Der nach Rußland war gereiset,
wurde ein gewandter Kaufherr,
ein gar flinker Bortenflechter.
Der nach Turja hin gestürmet,
wurde hier ein tapfrer Kriegsmann,
fertig seine Art zu führen.

Der auf Adlersschwingen schwebte,
auf des Nordland-Adlers Fittig,
der flog lange, schwebte lange,
flog gen Süden eine Strecke,
flog gen Osten eine Strecke,
fuhr hin über Finnlands Meerflut,

strich hin über Strandwiecks Meerflut,
kreuzte über Wierlands Meerflut,
bis durch des Geschickes Gunsten,
durch der Götter weises Walten,
auf ein Felsenriff der Adler
warf den Mann an Wierlands Küste.

Kaum war er ins Land gekommen,
als er rasch ein Reich aufrichtet,
eine große Siedlung gründet,
einen schönen Bau erbauet,
daß von da siegreich und sicher
er des Landes Schicksal lenke."

So gelangte denn der König Kalev nach Estland. Es ist ein wunderschönes Bild vom Herabsteigen des Geistes vom Himmel auf die Erde und vom Herauswachsen der neuen Entwicklung aus Altem.

Drei Söhne in Finnland, in Kalevala – das ist das Heruntersteigen der Dreiheit der Seele aus dem Epos Kalevala auf die Erde, wo das geistige Kalevala zu einem irdischen Landort verwandelt wird. Von dieser Dreiheit der menschlichen Seele entwickelt sich das Gefühl in Rußland, der Wille in Norwegen, und die Entwicklung des Denkens wird zum Grund einer neuen, aus dem Denken hervorgehenden Entwicklung des Bewußtseins, aus welchem heraus das menschliche Ich geboren wird. Der Adler ist ebenfalls ein Symbol der Kraft des Denkens. So wird Finnland durch den nach Estland gekommenen Herrscher, den alten Kalev, mit Estland verbunden.

Es scheint so, daß Kalev die alten Kräfte des hellseherischen Bewußtseins auf Atlantis repräsentiert, wo der Mensch im nächtlichen Bewußtsein wissentlich unter den Göttern weilte und im Tagesbewußtsein unter den Menschen lebte – Kinder von Göttern und von Menschen.

Der Flug auf dem Adler nach Estland symbolisiert den Anteil der Denkkräfte, die die Entwicklung des geistigen Bewußtseins aus Atlantis heraus in das neue nachatlantische Zeitalter tragen.

Im Epos wird an mehreren Stellen die Verwandtschaft des alten Kalev mit Ilmarinen, dem Repräsentanten der Verstandesseele im Kalevala-Epos, hervorgehoben. Eben diese wird zur Grundlage der neuen Entwicklung, für die Entwicklung des Ich, das aus der Verstandesseele heraus geboren wird.

Linda, Kalevipoegs Mutter, ist durch ein ausgebrütetes Vogelei auf dieser Erde geboren worden. Der Vogel ist ein Symbol des Verbindungsglieds zwischen Himmel und Erde. So kann man annehmen, daß auch Linda aus der Zeit der Atlantis abstammt; sie ist Trägerin von geistiger Weisheit, ebenso wie es Isis in Ägypten war. Aus ihr wächst das neue Bewußtsein heraus, das irdische Bewußtsein.

Lindas Freier waren jedoch noch kosmische Kräfte: die Sonne, der Mond und der König Kalev. Unter diesen wählt Linda den irdischsten aus, nämlich Kalev. Die Hochzeit ist ein Symbol für den Beginn der neuen Entwicklung. Kalev und Linda haben 12 Söhne. Von den letzten dreien ist im Epos die Rede. Der jüngste der Söhne ist Kalevipoeg, er wird erst nach dem Tod seines Vaters geboren und ist somit ein Witwensohn, was ein Symbol für einen Eingeweihten ist.

Das Wort „Sohn" deutet darauf hin, daß man hier vom menschlichen Ich spricht. Der Sohn ist etwas, das aus uns selbst geboren wird. Er ist unsere innere Qualität in der Form unseres Ich. Christus, der ein Träger des höheren Ich ist, ist auch *Sohn* Gottes.

So stellt denn Kalevipoeg dasjenige Bewußtsein dar, das auf das Erlöschen der Fähigkeit, das Geistige schauen zu können, folgt, also in der Zeit, in der dieses Bewußtsein schon erloschen ist. Die Mutter lebt noch; Linda ist die geistige Wesenheit, die noch eine Weile das menschliche Bewußtsein nährt. Aber auch diese Zeit geht vorüber. Im Epos trägt es sich so zu, daß der finnische Tuslar – der Windweise – Linda raubt, da diese es nach dem Tod des alten Kalev ablehnt, seine Frau zu werden. Die Götter mischen sich jedoch ein und retten Linda, indem sie sie zu einer Steinfigur erstarren lassen. Im Epos wird gelehrt, daß diese Steinfigur, die man bis heute noch in der Nähe von Tallin sehen kann, zu verehren ist.

Die Auseinandersetzung mit den Gegenkräften

An dieser Stelle treffen wir im Epos zum ersten Mal auf ein böses Wesen, das im Element der Luft tätig ist. Die Luft ist aber auch ein

Symbol für geistige Gefilde. Der finnische Tuslar ist ein entfernter Verwandter des alten Kalev – das bedeutet, daß im Zuge der Entwicklung der Persönlichkeitskräfte des Menschen gleichzeitig auch die Gegenkraft dieser Entwicklung geschaffen wird. Die Aufgabe des Menschen besteht nicht darin, die Gegenkräfte zu vernichten, sondern sie zu beherrschen, sie wahrzunehmen und im Gleichgewicht zu halten, sie sich selbst dienlich zu machen und nicht zu deren Sklaven zu werden. Auf diese Weise wird das Ich des Menschen eines Tages sogar in der Lage sein, diese Gegenkräfte zu erlösen.

Was bedeutet das Rauben von Linda? Auf diese Weise möchte die Gegenkraft in der Entwicklung die geistige Weisheit für ihre eigenen Zwecke nutzen; die Gegenkraft möchte, daß die Menschen das Vorhandensein der einmal dagewesenen strahlenden geistigen Wahrheit vergessen. So bereitet diese Kraft den Weg für das zukünftige materialistische Bewußtsein, ein das Geistige verschweigendes, das Geistige verneinendes Bewußtsein.

Die Götter lassen dies jedoch nicht zu und bannen die geistige Weisheit in die Materie hinein. Dort ist sie vor dem materialistischen Denken verborgen. Gleichzeitig ist dies aber auch ein Bild von der irdisch gewordenen Weisheit, einer in bezug auf das Geistige versteinerten Weisheit.

Das Verschwinden der Mutter wird jedoch zum aufweckenden Impuls für Kalevipoegs Ich: Die Kindheit ist vorüber, die Zeit des Lernens von selbständigen Entscheidungen und Erfahrungen steht bevor; es ist ein Bild des Alleinebleibens, des Erwachens als Persönlichkeit.

Kalevipoeg ist der Sohn einer Witwe – ein Eingeweihter, was uns zu verstehen gibt, daß wir im Epos auf das Motiv der Einweihung sowie auf verschiedene Einweihungswege treffen.

Der südliche und der nördliche Einweihungsweg

Die Einweihung ist die Suche nach dem Kontakt mit der geistigen Welt. Von der Zeit an, als die Fähigkeit des Sehens der geistigen Welt zu erlöschen begann, hat es immer wieder Menschen gegeben, die den Wunsch hatten, die Verbindung zur geistigen Welt wiederherzustellen. Dazu hat es zu allen Zeiten verschiedene Möglichkeiten gegeben.

Rudolf Steiner sprach vom südlichen und vom nördlichen Einweihungsweg. Auf dem südlichen Einweihungsweg gelangt man durch Verinnerlichung in die geistige Welt, durch die Vertiefung in die eigene Seelenwelt. An den Wänden dieser heiligen Stätten stand der Satz: „Mensch, erkenne dich selbst!" Dieser Weg wurde vor allem in Ägypten beschritten.

Der andere Weg ist der nördliche Einweihungsweg. Dieser Weg wurde mehr unter den nordländischen Völkern gegangen, und dies ist der Weg der Vertiefung in die Naturkräfte, der schrittweise Aufstieg mit dem eigenen Bewußtsein durch die Naturreiche, die Planetensphären bis hin zu den Sternen, in die Astralwelt.

Für beide Wege gab es Einweihungsschulen. Im Epos begeht Kalevipoeg beide Einweihungswege. Rudolf Steiner hat gesagt, daß dem Einweihungsweg des Zeitalters der Bewußtseinsseele die Einweihungswege der zwei vorangegangenen Zeitalter als deren Wiederholung vorangehen müssen. Damit die neue Qualität anfangen kann, sich zu entwikkeln, muß erst Altes wiederholt werden. Im Epos sehen wir deutlich die beiden Einweihungswege der vergangenen Zeiten gleich nach dem Erwachen von Kalevipoegs Ich-Bewußtsein.

Kalevipoeg begibt sich auf die Suche nach seiner Mutter, der Witwe; das erinnert an das ägyptische Mysterium aus dem Zeitalter der Empfindungsseele – die Suche nach der verlorengegangenen geistigen Weisheit. So springt er vom Felsen ins Meer und schwimmt über den finnischen Meerbusen nach Finnland. Das Meer ist ein Bild aus dem Seelenbereich. Das Schwimmen im Meer, wo niemand den Weg zeigt, ist das Eintauchen in die Seelenwelt, in das alte hellseherische Bewußtsein. Finnland steht im ganzen Epos als Bild für die vorangegangene Entwicklung.

In dieser Seelenwelt kann man sich leicht verirren. Hier wird auch Kalevipoeg von der luziferischen Versuchung, auf halber Strecke in der Entwicklung stehenzubleiben, heimgesucht. An dieser Stelle sei auf die Episode zwischen Kalevipoeg und der Inselmaid verwiesen. Der Kampf mit und der Sieg über den finnischen Tuslar stärkt die Ich-Kräfte in Kalevipoeg; und als er seine Mutter nicht findet – die geistige Weisheit offenbart sich nicht mehr –, da kommt er auf den Gedanken, sich bei dem berühmten finnischen Schmied ein Schwert zu beschaffen.

Der finnische Schmied ist sowohl ein Verwandter von Kalevs Vater als auch von Ilmarinen. Er hatte das mächtige Schwert, das der alte Kalev sich bestellt hatte, schon fertiggestellt; aber es war nicht dem alten Kalev, sondern seinem Sohn Kalevipoeg zu tragen bestimmt. Es wurde mit Hilfe vieler Geheimkünste angefertigt. Das Schwert ist ein Bild für die durch das Denken gelenkte Wortkraft. Die Linie von Ilmarinen im Epos Kalevala lenkt die Aufmerksamkeit auf den Anteil der Denkkräfte, hier noch auf die von der kosmischen Weisheit durchdrungene Wortkraft. Die Beherrschung dieser Kraft ist für das junge Ich noch zu schwer, und so kommt es zum Verbrechen: Kalevipoeg tötet mit diesem Schwert den ältesten Sohn des Schmieds. Es geschieht unter Alkoholeinfluß. Alkohol ist der größte Feind des Ich, jedoch rechtfertigt das nicht das begangene Verbrechen. Die Verantwortung muß Hand in Hand mit der Entwicklung des Ich gehen, und durch diese Verantwortung wird das Schicksal geboren, welches der finnische Schmied ausspricht: Das Schwert selbst wird für das unschuldig vergossene Blut Vergeltung bringen.

Hieran können wir erkennen, daß das Schwert, das eine zweischneidige Klinge hat, sowohl Gutes als auch Böses verursachen kann; entweder es schützt oder es tötet. Und so ist es auch mit dem Wort: Mit unseren Worten können wir uns ein besseres oder ein schlechteres Schicksal schaffen. Was Kalevipoeg aus Finnland mitbringt, ist das Schwert, nämlich die Wortkraft, damit das Ich sich erst richtig entwikkeln kann.

Kalevipoeg wird König

Als Kalevipoeg aus Finnland heimkehrt, kommt es zur Kraftprobe unter den Brüdern, wobei sich herausstellt, daß Kalevipoeg der Stärkste ist. Es war der Wunsch des alten Kalev, daß der Stärkste unter seinen Söhnen König werden möge. Kalevipoeg ähnelt seinem Vater am meisten, sowohl von der Körperkraft als auch vom Verstand her, und so wird er zum König. Die Königswerdung ist ein Bild der Ich-Werdung. Jetzt erst beginnt die eigentliche Entwicklung des Ich.

Die erste Aufgabe als König ist das Pflügen. Kalevipoeg machte sich an die Arbeit:

„Pflügte Strecken um zu Äckern,
zu ergieb'gen Erntefeldern,
wieder andere zu Weiden,
Rasenplätzen, reichen Wiesen;
säte Blaubeer' in die Sümpfe,
Kronsbeer' in die moos'gen Moore,
Schellbeer' in die Rasenscholle,
Schwarzbeer' an gar manchen Orten;
pflügte Wüsten um zu Waldland,
bare Flächen um zu Buschland."

Das ist lebendige sinnvolle Arbeit mit dem Land, eine der wichtigsten Aufgaben des Menschen. Durch diese Arbeit wird der persönliche Wille gestärkt, was wiederum die Ich-Entwicklung unterstützt. Das mit der Arbeit an der Erde verbundene Erwachen ruft allerdings auch das Interesse der verschiedenen Gegenkräfte gegen das sich entwickelnde Ich-Bewußtsein hervor.

So muß Kalevipoeg mit dem Wasserkobold, dessen Zuhause auf dem Grund des Flusses ist, seine Kräfte messen. In den goldenen Fluß, der vor dem begangenen Verbrechen aus reinen Seelenkräften bestand, ist der Egoismus eingedrungen und hat sich ein Nest gemacht. Er hat das Gold des Flusses an sich gerissen und möchte nicht, daß die Menschen wissen, wo es zu finden ist. Diesen Seelenschatz der Menschen, die strahlende göttliche Weisheit, wiedergegeben durch das Bild des Goldes, hat der Egoismus in Selbstsucht, Habgier und Ehrgeiz verwandelt. Dadurch ist in die Herzen der Menschen eine große Seelenleere eingekehrt. Kalevipoegs Freund Alevipoeg gelingt es durch eine List, dieses Gold von dem Wasserkobold zurückzugewinnen. Das Gold muß für den Menschen wieder zu Weisheitskräften werden.

Kalevipoeg hat im Laufe der Ereignisse im Epos drei Freunde, die nacheinander erscheinen, je nach dem eigenen Entwicklungsstand Kalevipoegs. Diese Freunde sind Alevipoeg, Olevipoeg und Sulevipoeg. Es ist nicht schwer zu ahnen, daß diese jeweils Ausdruck des im Laufe von Kalevipoegs Entwicklung selbständig gewordenen Gefühls, Denkens und Willens sind. Wenn es dem Ich gelingt, sich von seinen Gefühlen zu distanzieren, sie zu kontrollieren und zu lenken, dann kann es auch der Seelenfeind nicht mehr besiegen. So erreicht Kalevipoeg ein großes Übergewicht bei der Kraftprobe mit dem Wasserkobold.

Der Kampf mit dem Zauberer

Viel schwieriger ist aber der Kampf mit dem Mana-Zauberer des Peipussees, der auf dem Lande lebt, in einem Wald am Ufer des Peipussees. Er ist ein Meister der schwarzen Magie, des üblen Gebrauchs von Worten. Das Mysterium des Wortes steht in Verbindung mit sehr mächtigen geistigen Kräften, und daher ist auch die Gegenkraft sehr stark. Das Wort ist das Schöpfungsprinzip, und der Mana-Zauberer, ein Magier der Worte, stellt die gesamte Schöpfung, den Fortgang der irdischen Schöpfung in Frage.

Zunächst stiehlt der Mana-Zauberer Kalevipoegs Schwert – die kosmische Wortkraft. Kalevipoegs Ich ist noch zu wenig entwickelt, um diese Kraft richtig anzuwenden. Als das Ich nicht wachsam war, geschah das Verbrechen mit dem Schwert. Dieses aber schuf die Möglichkeit zum Raub des Schwertes. Auch der Mana-Zauberer kann das Schwert von Kalevipoeg nur stehlen, wenn dieser schläft, wenn das Ich-Bewußtsein nicht im wachen Zustand ist. Dennoch kann der Mana-Zauberer das Schwert nicht für sich behalten, sondern das Schwert fällt in den Fluß und bleibt dort liegen.

Auch für Kalevipoeg ist das Schwert nicht mehr aus dem Wasser herauszubekommen. Kalevipoeg begreift, daß er für dieses Schwert noch nicht reif genug ist, und er sagt dem Schwert, es möge warten, bis ein Stärkerer kommt, ein Mann, der weiterentwickelt ist, bis die Entwicklung des Ich soweit gekommen ist, daß es wieder in der Lage ist, die Wortkraft in voller Weisheit zu benutzen. Gleichzeitig spricht Kalevipoeg sein eigenes Schicksal aus; er sagt zu dem Schwert:

„‚Aber wenn im Weg des Zufalls
in den Bach die Sohle senket,
wer zuvor dich selbst getragen,
dann, o Schwert, mein treues, trautes,
dann durchschneid' ihm beide Beine!'“

Mit den Worten „wer zuvor dich selbst getragen“ meint er eigentlich „hierher getragen“, aber die Götter lenken das Wort so, daß durch das Schicksal Gerechtigkeit widerfährt. So kann der Mißbrauch von Worten, bildlich gesprochen, der zukünftigen Entwicklung die Beine abschlagen.

Kalevipoeg steht nun ohne Schwert da. Somit ist seine letzte Verbindung mit der geistigen Empfindung verlorengegangen, und nun folgt der Höhepunkt des ganzen Epos: Der Mana-Zauberer verzaubert Kalevipoeg in einen siebenwöchigen Zauberschlaf. Schafft Kalevipoeg es, von selbst aus diesem Schlaf zu erwachen? Das ist der apokalyptische Augenblick in diesem Epos. Wenn unter dem Einfluß der Gegenkräfte das Ich-Bewußtsein des Menschen einschlummert, wenn die geistige Welt vollkommen vergessen wird, dann liegt die potentielle Entwicklung der gesamten Menschheit auf der Waagschale.

Das Einschlummern in die Annehmlichkeiten der Materie, das Erblicken von Zielen rein im Irdischen, der Atheismus in allen seinen Ausdrucksformen – so möchte die Gegenkraft das Denken des Menschen lenken, versklaven, einschläfern. Der Mensch selbst ist jedoch zu schwach, um das sich dahinter verbergende ahrimanische Wesen zu besiegen. Hilfe wird durch das Opfer des höchsten geistigen Schöpfungswesens, nämlich Christus, zuteil, der auf die Erde kommt und die die Entwicklung nach oben richtende Kraft bringt. Das Verständnis davon wird durch den Erzengel Michael vorbereitet.

Kalevipoeg ist nicht in der Lage, von selbst aufzuwachen. Zur wekkenden Kraft wird der Traum, in dem Ilmarinen selbst ihm ein Schwert anfertigen läßt. Gerade als das Schwert fertig wird, kommt der Schatten vom Sohn des Schmieds und sagt, daß Kalevipoeg es nicht wert sei, dieses Schwert zu tragen. Kalevipoeg hat aber einen so starken Wunsch, dieses Schwert zu tragen, daß er seine ganze Kraft zusammennimmt und sich in eine Sitzposition aufrichtet. Dabei merkt er, daß der Mana-Zauberer die ganze Zeit auf seiner Brust gesessen hat.

Das ist die Imagination vom Schwert des Michael. Die persönliche innere Aktivität, der große Wunsch, wieder die kosmische Wortkraft zu besitzen und dem Denken geistigen Inhalt zu verleihen, das ist es, was dem Ich in seiner Entwicklung den weiterführenden Impuls gibt und somit die Entwicklung der ganzen Menschheit rettet.

Das Erwachen der Ich-Kräfte

Nach diesem Bild beginnt im Epos der Aufstieg nach oben. Bis hierher war alles ein Abstieg von der geistigen Welt immer tiefer in die Materie hinein. Jetzt beginnt der Aufstieg, das Erwachen, die Aktivität der individuellen Ich-Kräfte, um zu einem tieferen Verständnis der ganzen Welt zu gelangen. Die im Bereich des Denkens tätige ahrimanische Gegenkraft, die das menschliche Denken von der geistigen Welt abtrennen möchte, ist besiegt.

Es folgt sogleich das wunderschöne Bild von dem Waisenkind, das in dieser Welt so einsam ist, daß der himmlische Vater Mitleid mit ihm hat. Er schickt dem Waisenkind einen Tröster: ein Lämmlein, das im Schoße des Waisenkinds aufwächst. Das Lämmlein ist der einzige Trost für das Waisenkind, und dann kommt ein Wolf und möchte das Lämmlein reißen. Kalevipoeg sieht das, nimmt einen Stein und wirft ihn auf den Wolf. Der Wolf läßt von dem Lamm los. Das Waisenkind ist glücklich und fürchtet sich nun weder vor Unglück noch vor Not.

Das Waisenkind – das ist das Bild des von den Göttern verlassenen Menschen. Und das in seinem Schoß aufgewachsene Lämmlein ist das Bild von der ins Herz aufgenommenen Christus-Kraft. Die materialistische Blindheit jedoch, hier in der Form des Wolfes, will diese im Herzen gewachsene Christus-Kraft zerstören. Nur die Ich-Kraft ist es, die die einmal gefundene Christus-Kraft schützen kann.

Der Abstieg in die Hölle

Es folgt nun das Zusammentreffen und der Kampf mit dem nächsten Wesen: mit dem in der Erde die Hölle beherrschenden Gehörnten. Dieser ahrimanischen Gegenkraft, deren Wunsch es ist, im Ätherleib und physischen Leib des Menschen zu regieren und somit zum Beherrscher seiner Willenskraft zu werden, begegnet Kalevipoeg nicht anders als auf dem Einweihungsweg.

Der Höllenweg ist in der Mythologie immer ein Symbol des Einweihungsweges gewesen. Kalevipoeg geht zweimal in die Hölle. Das erste Mal ist es der Selbstfindungsweg in die eigene Seele, nach dem Motto: Mensch, erkenne dich selbst! Es ist der Wunsch, bei klarem Tagesbewußtsein seine verborgenen Seelentiefen kennenzulernen, und darin liegt die Voraussetzung für den Beginn der Bewußtseinsseele. Rudolf Steiner bezeichnet dies als den südlichen Einweihungsweg.

Um diesen Weg beschreiten zu können, muß man ein klares Bewußtsein haben, um nicht den Rückweg zu verlieren, viel Lebenskraft, um den Schwierigkeiten standhalten zu können, und viel Mut für das Zusammentreffen mit der geistigen Realität. All das besitzt Kalevipoeg.

Das erste, was Kalevipoeg in der Hölle entdeckt, sind die drei Höllenmaiden, drei Schwestern, die aus dem goldenen Königreich stammen, woher der Herrscher der Hölle, der Gehörnte, sie geraubt und sich als Mägde mitgebracht hat.

Sie verkörpern die höheren Seelenkräfte des Menschen, die durch den Verlust der Fähigkeit, das Geistige schauen zu können, dem Tagesbewußtsein des Menschen verborgen sind. Der Mensch begegnet ihnen entweder beim Überschreiten der Schwelle des Todes oder auf dem Einweihungsweg. Diese Seelenkräfte sind in der Sklaverei der Materie, sie müssen dem in der Materie herrschenden Bösen, dem Gehörnten, dienen.

Wenn das Ich-Bewußtsein diese Seelenkräfte entdeckt hat, kann es sie auch befreien. Die Maiden zeigen Kalevipoeg die Hölle – im Lichte unseres höchsten Bewußtseins lernen wir diese anerkannten Bereiche des Ätherleibes und des physischen Leibes kennen; das ist die erleuchtende Arbeit des Astralleibes im Ätherleib.

Die Beschreibung der Hölle im Epos gehört zu den großartigsten der in der Mythologie dargestellten Bilder. Das erste, was Kalevipoeg beim Überschreiten der Schwelle sieht, ist ein fremdes Zimmer, an dessen Wänden ein Schwert, eine Rute und ein aus Fingernägelsplittern gemachter Hut hängen.

Rudolf Steiner hat den Einweihungsweg so beschrieben, daß man beim Überschreiten der Schwelle zur Wahrnehmung des Astralleibes gelangt, wo einem zunächst Versuchungen, Wünsche und Leidenschaften entgegentreten, an die das Ich sich zu binden neigt, indem es sich egoistisch mit all seinen Wünschen und Leidenschaften identifiziert. In der alten, vorchristlichen Zeit, als das Ich-Bewußtsein noch schwach war, bedurfte es zwölf Hierophanten, die diesen Bereich der Versuchungen auf sich nahmen. Mit der Stärkung der Entwicklung des

Ich muß der Mensch mit dieser schweren Aufgabe jedoch allein zurechtkommen.

Das Schwert hält Kalevipoeg irrtümlicherweise für das im Traum gesehene Schwert, obwohl die Maiden erklären, daß es dem Gehörnten gehört und daß durch dieses Schwert nur Krieg, Streit und Schlachten stattfinden.

Der Hut enthält jedoch zehn Mächte und die Rute sieben Geheimnisse und neun Eigenmächte. Die Maiden empfehlen, diese mitzunehmen, denn die Weidenrute errettet aus der Hölle und der Hut vor den Qualen des Bösen. Kalevipoeg möchte diese Dinge jedoch nicht mitnehmen und meint:

„‚Werde wohl auch, was ich wünsche,
selber mir zu sichern wissen,
ohn' des Zauberhutes Zutun
und der Hexenrute Hilfe!
Dieser Zaub'rer Windeszüge,
was die Hexenmeister zetteln,
was der Höllenwirt auch wirret,
wird den rechten Mann nicht irren,
nicht den Streitbaren bestricken;
Tüchtigkeit bahnt stracks die Straße,
Stärke ebnet Weg' und Stege!'"

Die genannten Hilfsmittel sind Gegenbilder des Denkens, des Gefühls und des Willens, sie sind Versuchungen, die etwas ohne innere Anstrengung erreichen lassen. Daß Kalevipoeg diese Hilfsmittel nicht benutzen möchte, zeigt die Reife seines Ich zu Beginn des Einweihungsweges. Die alten Hilfsmittel, auch zum Entkommen vor dem Bösen, taugen nicht mehr: Das Ich des Menschen muß es nun aus eigener Kraft schaffen.

Die sieben Zimmer des Gehörnten

Zusammen mit den Maiden lernt Kalevipoeg die Hölle kennen. Es gibt dort sieben Zimmer: Es sind Zimmer aus Eisen, Kupfer, Silber,

Gold, Seide, Samt und Silberspitzen. In diesen Zimmern arbeiten die Höllenmaiden. Außerdem gibt es noch sieben Speicher, die alle aus verschieden starkem Stein gebaut sind und in denen Roggen, Weizen, Gerste, Hafer, Malz, Eingemachtes und Schweinefett gelagert sind. Dann kommen aus Knochen gebaute Ställe. Diese möchte Kalevipoeg nicht sehen. Auf dem Höllenhof wächst kein Gras, sondern der Boden ist mit Geld bedeckt.

All das gehört dem Gehörnten. Als Kalevipoeg fragt, wer der Gehörnte sei, antworten die Schwestern, daß niemand von seiner Herkunft wisse. Aber dem Gehörnten gehören große Kreise und ein weites Herrschaftsgebiet, viele Geheimwege, 100 Diener und 1.000 Helfer.

Im Inneren der Erde muß ein Hohlraum sein, wo es sieben Welten, sieben Inselchen gibt; dort herrscht der Gehörnte über die Geschlechter von ausgestorbenen Völkern, von denen er sich jeden Tag Männer zur Arbeit in das Eisenzimmer sowie Frauen in das Kupferzimmer holt. Im Silberzimmer ruht er mit seiner Frau, im Goldzimmer feiert er viele Feste mit den Höllenverwandten. All das wurde von der höheren Weisheit vom Beginn der Welt an so eingerichtet.

Zur Auslegung dieses eigentümlichen Bildes bedarf es noch vieler Arbeit. Eins ist jedoch sicher: Es handelt sich hier um die Bereiche des Astral-, Äther- und physischen Leibes, wo in dem dunklen Teil ohne Wissen des Menschen luziferische und ahrimanische Wesen herrschen. Das Recht dazu erhalten diese Wesen dann, wenn die strahlende Fähigkeit, die sonnige Welt der Götter sehen zu können, in die Denkfähigkeit umgewandelt wird. Das ist der Preis, den der Mensch für die Fähigkeit des persönlichen klaren Denkens, für seine Selbständigkeit zahlen muß.

Kalevipoeg trifft in der Hölle auf den Gehörnten und kämpft mit ihm. Er ist stärker als der Gehörnte, doch bevor es ihm gelingt, ihn zu fesseln, verschwindet der Gehörnte in der Erde. Daran erkennt Kalevipoeg, daß es ihm noch an Weisheit fehlt, und er entschließt sich, auf die Suche nach ihr zu gehen. Er verspricht, später zurückzukommen, um seine Aufgabe, den Gehörnten festzubinden, zu erfüllen. Er nimmt die Höllenmaiden mit, und mit Hilfe des Wunschhuts gelangt er wieder auf die Erde. Dort verbrennt er den Hut. Die Maiden werden die Gemahlinnen von Alevipoeg, Olevipoeg und Sulevipoeg. So kommt es zur Erfüllung des selbständig gewordenen Gefühls, Denkens und Willens.

Nach diesem Gang in die Hölle kehrt Kalevipoeg, seitdem er König geworden ist, zum ersten Mal wieder zurück nach Hause. Nun hat das Ich des Menschen mit seinem klaren Bewußtsein den ganzen physischen, Äther- und Astralleib durchdrungen. Das Ich ist vollständig auf der Erde angekommen.

Die Suche nach der Weisheit

Es folgt das Beschreiten des zweiten, des nördlichen Einweihungsweges. Kalevipoeg möchte wissen, wo Himmel und Erde miteinander vereinigt sind, und er möchte das „mit der eigenen Hand fühlen" – ein wundervolles Bild vom Wunsch, die geistige Welt wieder kennenzulernen. Das ist der Beginn des Zeitalters der Bewußtseinsseele, der Wunsch, die Welt mit seinem persönlichen Ich kennenzulernen, alles mit seinem persönlichen Willen zu durchdringen und wieder zurück auf den Weg zum Geistigen zu gelangen.

Kalevipoeg glaubt, daß der Weg zur geistigen Welt im Norden liegt. Hier sieht man deutlich, daß er auf der Suche nach dem alten Einweihungsweg zum hyperboräischen Mysterium ist. Alle warnen ihn davor, daß dies nicht sein Weg ist, daß sein Weg in das Innere der Erde führt und daß er dort das finden wird, was er sucht.

Sich selbst treu bleibend, sucht Kalevipoeg in Finnland den lappischen Weisen auf; er nimmt viele Weise und seine engsten Freunde mit und läßt ein Schiff aus Silber bauen, das er „Flieger" nennt. Alle Mitfahrenden erhalten Kleidung aus Gold und Silber. Dieses Bild zeigt, daß es sich hier um einen alten vorchristlichen Einweihungsweg handelt, denn auf diesem Weg bedurfte es vieler Helfer. Der Bau eines Schiffes aus Silber und die Kleidungen aus Gold und Silber deuten auf die Vorbereitung der Denkkräfte auf den bevorstehenden Einweihungsweg hin, denn das neue Zeitalter benötigt neue Kräfte, neue Denkkräfte.

Als man auf diesem Weg schon zum Schauen der Astralwelt gelangt ist, tritt das Hindernis ein: Kalevipoeg prahlt mit seiner Furchtlosigkeit. Er ist wütend über das, was er in der Astralwelt sieht, und er muß seine Reise abbrechen. Dennoch bereut er seinen Weg dorthin nicht:

„„Höher schier als Silberschätze,
köstlicher als Goldeslasten
ist's der Weisheit inne werden;
fanden wir nicht auf der Fehlfahrt,
auf der Täuschung Torheitspfaden
erst das zuverläß'ge Beugniß,
daß die Welt kein Ende habe,
daß durch Taaras Weisheit nirgends
Grenzen ihr gezogen seien
noch auf Stützen aufgestaltet.'"

Und er rät anderen, seine Fehler nicht zu wiederholen. Weisheit jedoch kann man überall finden, dafür braucht man nicht das Ende der Welt aufzusuchen.

Das goldene Glöckchen

Noch einmal geht Kalevipoeg in die Hölle, dieses Mal mit dem festen Ziel, den Gehörnten endgültig zu unterwerfen. Vorher gelingt es ihm, durch eine List dem in einen Gnomen verwandelten Gehörnten das goldene Glöckchen zu entwenden. Beim Läuten dieses Glöckchens verschwinden alle Hindernisse von dem Höllenweg. Auch die große Schlacht mit den Höllentruppen, die ihm entgegengeschickt werden, gewinnt er mit der Hilfe des goldenen Glöckchens.

Was ist das goldene Glöckchen? Es ist die Stimme der inneren Weisheit, es ist der Klang der Worte Christi – „Ich bin der Weg, die Wahrheit und das Leben" – in der Menschenseele. Der Klang dieser Worte hilft dem Menschen alle Geheimverschwörungen der Gegenkräfte auf dem Weg der Entwicklung des Ich zu besiegen. Christus sagt: „Sucht nach der Wahrheit, und die Wahrheit wird euch frei machen."

Der Kampf mit dem Gehörnten ist so heftig, daß die ganze Natur ihn miterlebt. Der Geist von Kalevipoegs Mutter zeigt ihm, wie der Gehörnte besiegt werden kann: Man muß ihn vom Boden hochheben, dann ist es möglich, ihn zu fesseln.

Was bedeutet das? Der Mensch muß mit seinem Bewußtsein in der Lage sein, sich von einem nur an das Irdische gebundenen Bewußtsein zu lösen, er muß einen geistigen Blick erlangen, sich auf den geistigen Bereich stützen, auf geistige Weisheit, dann ist er in der Lage, den Feind aufzufinden und ihn auch zu beherrschen. Die Luft ist ja ein Bild des geistigen Bereichs. Wenn es gelingt, den Gehörnten vom Erdboden, d.h. seinem Tätigkeitsbereich, zu lösen, in die Luft hochzuheben, in den Bereich des Geistigen hinein, dann hat er nicht mehr die Kraft, den Menschen zu beherrschen. Kalevipoeg kettet den Gehörnten mit starken Eisenketten in das Eisenzimmer der Hölle, und somit in das materialistische Denken, wo seine Existenz berechtigt ist.

Die Beherrschung der bösen Kräfte

Kurz darauf beginnt der Schlußakt im Epos. Kalevipoeg stirbt durch sein Schwert, das ihm die Beine abschlägt, so wie er es selbst dem Schwert gesagt hatte. Im Sterben fliegt Kalevipoegs Geist als weiße Taube gen Himmel. Dort wird aber beschlossen, ihn wieder zurück auf die Erde zu schicken und ihm dort eine neue Aufgabe zu geben. Sein Geist wird gezwungen, wieder in den Körper zurückzukehren. Die Beine sind aber weg, diese kann ihm auch das größte Himmelreich nicht zurückgeben. Er wird auf ein weißes Pferd gesetzt und zur Bewachung des Gehörnten an die Höllenpforte geschickt. Als er dort ankommt, ruft eine Stimme aus dem Himmel: „Schlag den Felsen krachend mit der Faust." Als er dies tut, bleibt die Faust im Felsen stecken. So haben wir also das Bild von Kalevipoeg auf einem weißen Pferd an der Höllenpforte sitzend, den geketteten Gehörnten bewachend und dabei die Faust im Felsen steckend, die Beine abgeschnitten. Das ist das Bild des menschlichen Ich im nachatlantischen Zeitalter.

Die Hand im Felsen bedeutet die Verbundenheit mit der mineralischen Welt. Mit seinen reinen Gedanken kann der Mensch das Böse fassen und bewachen. Dies ist sogar die einzige Möglichkeit zur Beherrschung der bösen Kräfte. Der Verlust der Beine besagt: Was man im vorigen Leben gesät hat, das erntet man im nächsten Leben; was der Mensch im moralischen Bereich durch sein Ich angerichtet hat, das kann im nächsten Leben auch für ihn bittere Konsequenzen haben.

Jedes Jahr vor Weihnachten werden die Ketten des Bösen dünner und mit Beginn des ersten Weihnachtsfeiertages wieder dicker. Das ganze Jahr lang versucht das Böse, seine Ketten zu schwächen. Das Weihnachtsfest ist aber die Zeit im Jahr, wo die Geisteskraft dank des Zusammenwirkens mit Christus und den zwölf Erzengeln gestärkt wird. So kann das richtige Erleben des Weihnachtsfestes die Kraft zur Zähmung des Bösen für das ganze Jahr geben. Das Epos endet mit folgenden Worten:

> „Aber einmal naht die Zeit sich,
> wo die Späne von zwei Enden
> angezündet loh'n und lodern,
> gleicher Zeit die Flammengluten
> machen frei die Hand des Helden:
> Dann kehrt heim der Kalewide,
> seinen Kindern Glück zu bringen,
> Estenlande neu zu schaffen."

Das ist die Zeit, in der die menschlichen Iche sich so weit entwickelt haben werden, daß die Aufgaben dieses Zeitalters erfüllt werden können. Das Ich-Feuer, das in den Menschen entflammt, findet von oben das Anzünden seitens des Feuers des Heiligen Geistes. Wenn diese beiden zusammen brennen, dann ist das Feuer so groß, daß es Kalevipoegs Hand aus dem Felsen befreit. Das menschliche Ich wird aus den Mineralstoffen befreit, und die neue nachfolgende Entwicklung kann beginnen. So endet das Volksepos Kalevipoeg.

Alles hier Dargestellte ist erst der Beginn zur geisteswissenschaftlichen Auslegung der Bilder im Epos. Rudolf Steiner hat gesagt, daß die Mythologie sieben Schichten hat. Wir haben erst die erste Schicht sichtbar gemacht, und bei manchen Ereignissen scheinen auch schon die nächsten Schichten durch. Wahrscheinlich gibt es in dieser Richtung noch Arbeit für viele Jahre. Es ist der Wunsch von uns Esten, daß auch andere Völker sich an dieser Arbeit beteiligen mögen, und dann könnten wir uns von Zeit zu Zeit gegenseitig unsere Forschungsergebnisse mitteilen. Da das Epos allgemein menschliche Probleme behandelt, könnte auch die Arbeit an seiner Auslegung auf internationaler Ebene stattfinden.

So warten wir denn auf eine interessante Zusammenarbeit!

Decken-, Pendel- und Wandleuchten

Prospekt anfordern bei

Großklaus-Lampenbau

Hauptstraße 59 79689 Maulburg

Tel./Fax 07622/5189

Dutschke-Leuchten

Öflingerstraße 126

D-79664 Wehr

Tel. & Fax: 07762/809191

Gerne sende ich Ihnen meinen Prospekt mit Decken-, Pendel- und Wandleuchten

Horand Gärtner's Studio Raffaelo

Märchenharfenklänge sind Seelennahrung für Erwachsene und Kind. Sie wirken heilsam, entwicklungsfördernd und beflügeln die Fantasie.

Fritz-Arnold-Str. 18 Tel. 07531 - 61785
D-78467 Konstanz Fax 07531 - 66187

Den

«Stellenmarkt Anthroposophie»

mit den Angeboten zahlreicher Einrichtungen finden Sie jetzt auch **im Internet** unter

www.Stellenmarktanthroposophie.de

LANZAROTE

CENTRO DE TERAPÍA ANTROPOSÓFICA
das Urlaubs-Therapie-Kulturzentrum auf Lanzarote

- schöne Ferienwohnungen
- Vollwert-Restaurant • Bioladen
- täglich kulturelle Veranstaltungen
- 2 Süßwasser-Pools

Meerwasser-Pool 34°C

- auf Wunsch ärztliche Betreuung
- Revitalisierungskuren
- Dr. F.X. Mayr-Kur

Calle Salinas 12
E-35510 Puerto del Carmen
Tel. (0034) 928 512 842 (deutsch)
Fax (0034) 928 512 844

Die neuen Modelle 1998 führen Sie zu neuen harmonischen Spähren-Klängen

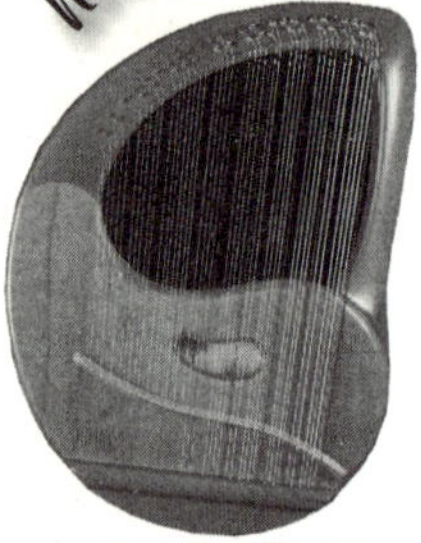

Gärtner Atelier für Leierbau
Seit 1926

W. Lothar Gärtner
Atelier für Leierbau GmbH
und Verlag
Inhaber: Horand Gärtner
Fritz-Arnold-Str. 18
D-78467 KONSTANZ
Telefon 0 75 31 - 6 17 85
Telafax 0 75 31 - 6 61 87
Http: // wwwleier.de

Tenora-Leier
46 - saitig
Chomatisch a"- C
68 x 48 cm

Concerto - Leier
53 - saitig 4 - Oktavig
Chomatisch e'''- C
81 x 53 cm

Heilen / Erziehen / Pflegen

Ausbildung

in der Dorfgemeinschaft Tennental im Rahmen des Seminars für Sozialtherapie der Lautenbacher Gemeinschaften

Leben
Sie mit in einer unserer Sozialtherapeutischen Großfamilien.

Arbeiten
Sie mit in der Landwirtschaft, Gärtnerei, Einmachwerkstatt, der Schreinerei oder einem der Haushalte.

Lernen
Sie dabei, in kleinen Gruppen einen Beruf zu ergreifen, der Sie befähigt als

Heilerziehungspfleger/-in
– staatlich anerkannt –
den bedeutenden Aufgaben der Gegenwart und Zukunft zu begegnen.

Rund 80 Menschen leben z.Zt. im Tennental. Etliche von uns sind durch verschiedene Behinderungen auf die Hilfe anderer angewiesen.

Wollen Sie ein Stück Wegs mit uns gehen?
Gerne hören wir von Ihnen, um Ihnen mehr zu sagen und zu zeigen.

Dorfgemeinschaft Tennental, Anke Darmer oder Michael Dackweiler
Ita-Wegmann-Straße, 75392 Deckenpfronn,
Tel. 07056-9260

DORFGEMEINSCHAFT TENNENTAL

Die Dorfgemeinschaft ist anerkannte Zivildienststelle.

Johannes Rogalla von Bieberstein
Die These von der Verschwörung 1776–1945
Philosophen, Freimaurer, Juden, Liberale und Sozialisten als Verschwörer gegen die Sozialordnung
216 S., kt. DM 33,–
ISBN 3-926841-36-2

Jimmy Carter
Frieden schaffen im Gespräch
Ein Impuls für die nächste Generation
206 S., kt. DM 32,–
ISBN 3-926841-71-0

Carola Cutomo
Medialität, Besessenheit, Wahnsinn
188 S., kt. DM 19,80
ISBN 3-926841-19-2

Klaus Engels
Destruktive Kulte im Spannungsfeld von Kirche und Gesellschaft
212 S., kt. DM 28,–
ISBN 3-926841-46-X

Hans-Diedrich Fuhlendorf
Rückkehr zum Paradies oder Erbauen des Neuen Jerusalem?
Geschichtsbetrachtungen in apokalyptischer Zeit
352 S., kt. DM 39,–
ISBN 3-926841-37-0

Wolfgang Gädeke
Anthroposophie und die Fortbildung der Religion
448 S., Leinen, DM 48,–
ISBN 3-926841-23-0
kt. DM 36,–
ISBN 3-926841-24-9

Dieter Hornemann
Geheimnisvolles Afrika
Anthroposophische Arbeit im Urwald
102 S., 32 farb. Abb., kt. DM 26,–
ISBN 3-926841-60-5

Johannes Kiersch
Fragen an die Waldorfschule
Neuauflage ca. Frühjahr 2000, ca. 160 S., kt. ca. DM 28,00 / ISBN 3-926841-33-8

Peter Krause
Das Judasproblem
Von den spirituellen Hintergründen der Gewalt
128 S., kt. DM 19,80
ISBN 3-926841-38-9

Peter Krause
Feuer in Tschernobyl
Die Ukraine nach dem SuperGAU
168 S., 37 farb. Abb., kt. DM 28,–
ISBN 3-926841-58-3

Peter Krause, Faustus Falkenhahn (Hg.)
Einsam – gemeinsam
Jugend im Gespräch
192 S., kt. DM 22,80
ISBN 3-926841-43-5

Ernst-Martin Krauss
Holzwege, Steinwege ...
Erlebnisse mit Elementarwesen
92 S., Großformat, 13 farb. Abb., gebunden, DM 56,–
ISBN 3-926841-35-4

Jukka Kuoppamäki
Einsam – gemeinsam
Jugendliche singen Lieder mit Jukka Kuoppamäki
Musikkassette, DM 22,–

Andreas Meyer (Hg.)
Seele und Geist
Ansätze zu einer spirituellen Seelentherapie
160 S., kt. DM 26,–
ISBN 3-926841-47-8

Hans Philippsen
Götter, Hexen und Naturgeister
Sagen und Sagenhaftes der Insel Föhr
144 S., 16 farb. Abb., kt. DM 24,80
ISBN 3-926841-84-2

Sidney Saylor Farr
Tom Sawyers Nah-Todeserfahrung und die Wandlung seines Lebens
204 S., kt. DM 32,–
ISBN 3-926841-82-6

Heinz Schimmel (Hg.)
Tanz der Seelen
Der Tod als Verwandler der Seele. Die Totentanzdichtung von Joachim Fernau und ihre eurythmische Darstellung
108 S., 14 farb. Abb., kt. DM 25,–
ISBN 3-926841-53-2

Wolfgang Weirauch
Im Spiegel der Finsternis
Roman für Jugendliche und Erwachsene. Ab 13 Jahren.
252 S., geb. DM 33,–
ISBN 3-926841-86-9

Siehe auch die folgenden Seiten.

FH 11
Über Tod und Sterben
4. Aufl., 232 S., kt. DM 28,–
ISBN 3-926841-11-7

FH 13
Hexen, New Age, Okkultismus
3. Aufl., 196 S., kt. DM 19,80
ISBN 3-926841-08-7

FH 14
Erneuerung der Religion
Die Christengemeinschaft, Sakramente, Kirche und Kultus
4. Aufl., 184 S., kt. DM 16,80
ISBN 3-926841-07-9

FH 15
Waldorfschule und Anthroposophie
3. Aufl., 132 S., kt. DM 9,80
ISBN 3-926841-00-1

FH 16
Kulturvergiftung: Rauschgift, Sucht und Therapie
2. Aufl., 228 S., kt. DM 16,80
ISBN 3-926841-21-4

FH 17
Kulturvergiftung: Alkohol
2. Aufl., 160 S., kt. DM 16,80
ISBN 3-926841-34-6

FH 18
Biologisch-dynamische Landwirtschaft, Ökologie, Ernährung
2. Aufl., 184 S., kt. DM 19,80
ISBN 3-926841-03-6

FH 19
Musik
2. Aufl., 184 S., kt. DM 16,80
ISBN 3-926841-06-0

FH 20
Sexualität, Aids, Prostitution
2. Aufl., 170 S., kt. DM 14,80
ISBN 3-926841-09-5

FH 21
Aids
164 S., kt. DM 14,80
ISBN 3-926841-10-9

FH 22
Erkenntnis und Religion
Zum Verhältnis von Anthroposophischer Gesellschaft und Christengemeinschaft
132 S., kt. DM 14,80
ISBN 3-926841-13-3

FH 23
Engel
3. Aufl., 196 S., 9 farb. Abb., kt. DM 28,–
ISBN 3-926841-15-X

FH 24
Direkte Demokratie / 1789–1989
240 S., kt. DM 14,80
ISBN 3-926841-16-8

FH 25
Rechtsleben und soziale Zukunftsimpulse
Von der Dreigliederungsidee Rudolf Steiners zur Volksgesetzgebung
244 S., kt. DM 16,80
ISBN 3-926841-17-6

FH 26
Michael
Januskopf Bundesrepublik
184 S., 8 farb. Abb., kt. DM 16,80
ISBN 3-926841-22-2

FH 27
Strafprozeß, Strafvollzug, Resozialisierung
224 S., kt. DM 16,80
ISBN 3-926841-20-6

FH 28
Naturwissenschaft und Ethik
204 S., kt. DM 16,80
ISBN 3-926841-25-7

FH 29
Freie Schule
248 S., kt. DM 19,80
ISBN 3-926841-28-1

FH 30
Märchen
224 S., kt. DM 16,80
ISBN 3-926841-29-X

FH 31
Biographiearbeit
4. Aufl., 192 S., 7 farb. Abb., kt. DM 24,80
ISBN 3-926841-31-1

FH 32
Anthroposophen und Nationalsozialismus
168 S., kt. DM 16,80
ISBN 3-926841-32-X

FH 33
Destruktive Kulte, schwarze Magie, Sexualmagie
232 S., kt. DM 22,80
ISBN 3-926841-40-0

FH 34
Alte und neue Seelenfähigkeiten
192 S., kt. DM 19,80
ISBN 3-926841-41-9

FH 35
Die Christengemeinschaft heute
Anspruch und Wirklichkeit
212 S., kt. DM 19,80
ISBN 3-926841-42-7

FH 36
Schwangerschaftsabbruch
212 S., kt. DM 22,80
ISBN 3-926841-44-3

FH 37
Indianer
212 S., 6 farb. Abb., kt. DM 24,80
ISBN 3-926841-45-1

FH 38
Konfliktbewältigung
2. Aufl., 220 S., 10 farb. Abb., kt. DM 24,80
ISBN 3-926841-50-8

FH 39
Christus
184 S., 16 farb. Abb., kt. DM 24,80
ISBN 3-926841-51-6

FH 40
Ausländerhaß, Nationalismus, Rassismus
188 S., 13 farb. Abb., kt. DM 24,80
ISBN 3-926841-52-4

FH 41
Anthroposophie und Rassismus
212 S., kt. DM 24,80
ISBN 3-926841-54-0

FH 42
Sind wir noch zu retten?
Zerstörung oder Verwandlung der Erde?
224 S., 26 farb. Abb., kt. DM 24,80
ISBN 3-926841-56-7

FH 43
Gebet heute
168 S., kt. DM 24,80
ISBN 3-926841-57-5

FH 44
Scheidung – warum?
Partnerschaftsprobleme und ihre Bewältigung
2. Aufl., 228 S., 11 farb. Abb., kt. DM 28,–
ISBN 3-926841-59-1

FH 45
Hüter der Schwelle
Der Mensch am Abgrund
172 S., kt. DM 24,80
ISBN 3-926841-61-3

FH 46
Jugendideale
208 S., kt. DM 24,80
ISBN 3-926841-62-1

FH 47
Übungen zur Selbsterziehung
2. Aufl., 216 S., 16 farb. Abb., kt. DM 28,–
ISBN 3-926841-65-6

FH 48
Angst
188 S., 16 farb. Abb., kt. DM 24,80
ISBN 3-926841-66-4

FH 49
Depression
200 S., 8 farb. Abb., kt. DM 24,80
ISBN 3-926841-67-2

FH 50
Erziehung
188 S., 8 farb. Abb., kt. DM 24,80
ISBN 3-926841-68-0

FH 51
Nah-Todeserfahrungen
Rückkehr zum Leben
2. Aufl. ca. Feb. 2000, ca. 190 S., kt. DM 28,00 / ISBN 3-926841-72-9

FH 52
Auferstehung
Von der Gegenwart Christi
168 S., 8 farb. Abb., kt. DM 26,–
ISBN 3-926841-73-7

FH 53
Gedächtnis und Erinnerung
184 S., kt. DM 26,–
ISBN 3-926841-74-5

FH 54
Ernährungsfragen
176 S., kt. DM 26,–
ISBN 3-926841-75-3

FH 55
Naturgeister
Vom Wirken der Elementarwesen
196 S., 16 farb. Abb., kt. DM 26,–
ISBN 3-926841-76-1

Siehe auch das Verzeichnis auf der vorangehenden Seite.